Aus Freude am Lesen

btb

Buch

Begonnen hatte die Geschichte dieser Straße schon unter den Kurfürsten, aber geprägt wurde sie von den ersten vier preußischen Königen. Vom Schloß ausgehend, wuchs die Allee gemeinsam mit dem Anwachsen des Königreichs, um gegen Ende des 18. Jahrhunderts mit dem Brandenburger Tor ihren Abschluß zu finden.
Sie repräsentierte Preußen, und zwar sowohl das militärische, das sich im Zeughaus in aller Pracht zeigte, als auch das geistig-künstlerische, wofür früh schon das Opernhaus stand.
Mit Günter de Bruyn begegnen wir dem jungen Heinrich Heine bei seinem Bummel Unter den Linden. Preußens Luise hält hier ihren Einzug, der alte Kaiser zeigt sich am historischen Eckfenster und der Aufzug der Königswache lockt viele Besucher an. Der literarische Spaziergang führt vom Lustgarten über das Forum Fridericianum bis zum Hotel Adlon und dem Pariser Platz mit seinem berühmten Bewohner Max Liebermann, der am 30. Januar 1933 die SA-Kolonnen durch das Brandenburger Tor marschieren sieht. Der Leser erlebt, als ein selbstverschuldetes Ende, die Zerstörung der Prachtstraße durch die Bomben des Zweiten Weltkriegs, ihre Verstümmelung durch Stacheldraht und Mauer und ihren noch immer nicht vollendeten Wiederaufbau.

Autor

Günter de Bruyn, 1926 in Berlin geboren, lebt heute als freier Schriftsteller in einem märkischen Dorf. De Bruyn wurde für sein Werk vielfach ausgezeichnet, u. a. im Jahr 2002 mit dem Deutschen Literaturpreis für »Preußens Luise« und dem Deutschen Nationalpreis.

Günther de Bruyn bei btb

Die Finckensteins. Eine Familie im Dienste Preußens (73227)

Preußens Luise. Vom Entstehen und Vergehen einer Legende (73232)

Günter de Bruyn

Unter den Linden

btb

FSC
Mixed Sources
Product group from well-managed
forests and other controlled sources

Cert no. GFA-COC-1223
www.fsc.org
© 1996 Forest Stewardship Council

Verlagsgruppe Random House FSC-DEU-0100
Das FSC-zertifizierte Papier *Munken Print* für Taschenbücher aus
dem btb Verlag liefert Arctic Paper Munkedals AB, Schweden.

3. Auflage
Genehmigte Taschenbuchausgabe Dezember 2004,
btb Verlag in der Verlagsgruppe Random House GmbH, München

Umschlaggestaltung: Design Team München
Umschlagfoto: Ullstein (Lindenrolle, 1820)
EM · Herstellung: Augustin Wiesbeck
Druck und Einband: Clausen & Bosse, Leck
Printed in Germany
ISBN 978-3-442-73267-8

www.btb-verlag.de

Inhalt

Ein Ende

Am Vormittag des 3. Februar 1945, einem Sonnabend, wurden die Berliner zum zweihundertachtundachtzigsten Mal seit dem Beginn des Krieges durch auf- und abschwellende Töne der Sirenen vor einem Fliegerangriff gewarnt. In den Vororten war zu beobachten, wie unter einem klaren, nur von Wolkenschleiern durchzogenen Himmel wohlgeordnete Geschwader viermotoriger Flugzeuge in großer Höhe anflogen, über der Innenstadt ihre Bombenlast abluden und, Kondensstreifen nach sich ziehend, abdrehten, während die nächste Staffel der im Sonnenlicht glitzernden Maschinen schon nahe war.

Neunhundertsiebenunddreißig sogenannte Fliegende Festungen der 8. US-Luftflotte, die von sechshundertdreizehn Jagdmaschinen begleitet waren, warfen innerhalb von zwei Stunden zweitausendzweihundertvierundsechzig Tonnen Spreng- und Brandbomben auf einen von Rauchzeichen markierten Umkreis, dessen Zentrum etwa die Straße Unter den Linden war. Als der langanhaltende Ton der Sirenen die Überlebenden aus den Kellern und Bunkern lockte, verdunkelte eine Qualmwolke die Sonne, und der historisch bedeutsamste Teil der Stadt war zerstört oder verbrannt.

Zwischen dem Pariser Platz und dem Lustgarten waren nur noch wenige intakte Gebäude zu finden. Aber auch diese sollten nicht lange erhalten bleiben, weil die westlichen Alliierten in den nächsten Wochen die Stadt weiter zerbombten und in den letzten Apriltagen, als sich die Schlacht um Berlin in ihrer Endphase

Universität und Zeughaus im Jahre 1945. Links das im Krieg eingemauerte Reiterstandbild Friedrichs des Großen, rechts in der Ferne der Turm des Roten Rathauses. Über der Zeughausruine ist die zerstörte Kuppel des Doms zu sehen.

Der westliche Teil der Linden im Jahre 1945.

auf den Verteidigungsring um die Reichskanzlei konzentrierte, das Zerstörungswerk seine Vollendung fand.

Im Mai 1945 säumten nur noch Ruinen die ehemalige Prachtstraße, auf deren Mittelpromenade Fahrzeugwracks rosteten. Verkohlt waren die jungen Linden, die erst nach der Olympiade von 1936 wieder gepflanzt worden waren. Im Osten ragte das Skelett der Schloßkuppel in den Himmel. Im Westen aber, am Rande des zerfetzten und zerwühlten Tiergartens, wo den Denkmälern der brandenburgisch-preußischen Kurfürsten, Könige und Kaiser in der Siegesallee die letzte Stunde geschlagen hatte, stand noch immer, wenn auch beschädigt und mit zerschossener Quadriga, das Tor, durch das zwölf Jahre zuvor die braununiformierten Kolonnen mit Fackeln marschiert waren, um in der Wilhelmstraße den Beginn eines tausend Jahre währenden Reichs zu feiern, mit dem es nun, nach zwölf Jahren schon und doch viel zu spät, zu Ende gegangen war.

Geist und Macht

Begonnen hatte die Geschichte der Straße Unter den Linden schon unter den Kurfürsten, aber geprägt wurde sie von den ersten vier preußischen Königen. Vom Schloß ausgehend, wuchs die Allee gemeinsam mit dem Anwachsen des Königreiches, um gegen Ende des 18. Jahrhunderts, als Preußen seine größte Ausdehnung nach Osten hatte, mit dem Brandenburger Tor ihren Abschluß zu finden. Die baulichen Veränderungen, die ihr das folgende Jahrhundert brachte, betrafen vor allem ihre jüngere, also die westliche Hälfte, nahmen ihr aber weder das Repräsentative noch ihre Vornehmheit. Auch im bürgerlichen Zeitalter und als Promenade der Müßiggänger behielt sie ihren Charakter als Staatsstraße. Sie repräsentierte Preußen, und zwar sowohl das militärische, das sich im Zeughaus in aller Pracht zeigte, als auch das geistig-künstlerische, für das schon früh das Opernhaus stand.

Beide Seiten verkörpern sich auch in dem ersten Gebäude, das in der Straße Unter den Linden errichtet wurde, in dem Haus nämlich, das Johann Gregor Memhardt, der Städte- und Festungsbaumeister des Großen Kurfürsten, für sich selbst gebaut hatte und das deshalb heute den Namen Memhardt-Haus tragen könnte, wäre es nicht später vom Staat erworben und zum Sitz des Berliner Militärbefehlshabers erkoren worden, weshalb es seit 1800 etwa in den Stadtplänen als Kommandantenhaus oder Kommandantur erscheint.

Der Dualismus von Geist und Macht wurde auch noch im 20.

Ausschnitt aus dem Gemälde Anton von Werners, das die Eröffnung des Reichstages durch Wilhelm II. 1888 im Weißen Saal des Schlosses darstellt. Der Historienmaler von Werner wurde vom Kaiser, der Max Liebermanns Bilder nicht mochte, sehr geschätzt.

Jahrhundert Unter den Linden deutlich: Da wohnte an einem Ende, im Schloß, Wilhelm II., am anderen, am Pariser Platz, ein Berliner Künstler, den der Kaiser vielleicht auch deshalb nicht mochte, weil in seinem Werk die Hohenzollernverherrlichung fehlt und der doch so gut wie der Herrscher zu dieser preußischen Straße gehörte – der Maler Max Liebermann.

Heute hat kein Berliner mehr am Pariser Platz seine Wohnung, und die Straße Unter den Linden schmückt zwar Berlin und bildet sein Zentrum, hebt sich aber von allem Städtischen ab. Nie ist jemand auf den Gedanken gekommen, das Rathaus oder die Parlamente zwischen die Paläste zu setzen. Die Bürger der Stadt fühlen sich in ihr dem Alltag enthoben. Sie sind stolz darauf, eine so weltberühmte Straße zu haben, aber heimisch sind sie in ihr so wenig, wie man es in Kirchen oder Museen ist. Keinem ihrer Besucher können sie eine Besichtigung ihrer Prachtstraße erlassen, fühlen sich aber im Strom der Touristen selbst ein wenig als Gäste, weil sie doch eigentlich in Pankow, am Wedding oder in Dahlem zu Hause sind. Hier sind sie zwar nicht in der Fremde, aber doch außerhalb des Gewohnten. In ihrem Empfinden liegt die Straße nicht im Verwaltungsbezirk Mitte, sondern außerhalb aller Wohnquartiere und behördlichen Einteilung. In ihr wird der wie ein Kleinstädter an seinen Ortsteil gebundene Großstädter zum Hauptstädter. Sie beschert den Bewohnern der weiträumigen, aus konturlos ineinanderlaufenden Ortschaften bestehenden, von Parks, Seen und Wäldern durchsetzten Gegend, die sich als Berlin bezeichnet, eine gemeinsame Identität.

Daß sich der Name der Straße über alle Regimewechsel hinweg unverändert erhalten konnte, ist sicher auch der politisch neutralen Baumart zu danken, hat aber wohl auch etwas mit der Macht von Traditionen zu schaffen, die weder die monarchischen und demokratischen noch die auf Umbenennungen besonders versessenen diktatorischen Regierungen zu verletzen wagten – was für die Berliner den Vorteil hatte, daß ihre sprach-

Vier Jahre nach der Thronbesteigung des letzten Kaisers zog Max Liebermann in das von seinem Vater geerbte Haus am Pariser Platz. Die Zeichnung zeigt ein Selbstporträt von 1923.

liche Inbesitznahme der Straße konstant bleiben konnte. Seit vielen Generationen nennen sie sie einfach »Die Linden«, und neben der Absicht, es sich sprachlich bequem zu machen, schwingen in dieser Kurzform auch andere, nur dem Eingeweihten merkbare Informationen mit.

An die Stelle des feierlichen »Unter den Linden«, das ein

wenig an Dorfidylle erinnert, das burschikose »Die Linden« zu setzen, heißt erstens, den poetischen Namen der eigenen Nüchternheit anzupassen, und zweitens, diskret anzudeuten, daß man, bei aller Verehrung der Kurfürsten, Könige, Kaiser und Präsidenten, sich von dem Glanz, den sie auszustrahlen meinen, nicht so leicht imponieren läßt. Die Respektierung der Regierenden folgt eigenem Willen und vergißt dabei nicht den Respekt vor sich selber, zeigt also auch vor kunstvollstem Herrschaftsgepränge so etwas wie Bürgerstolz. So wie der märkische Uradel gern auf seine fragwürdige Herkunft aus altem slawischem Adel pochte, um den Hohenzollern bedeuten zu können, daß sie erst später als die Quitzows und Bredows zu Märkern geworden waren, so legen auch die Berliner Wert auf die Feststellung, schon immer vor den Regierenden dagewesen zu sein. Besonders stark war dieses Empfinden im 20. Jahrhundert, als nach dem Kaiser in kurzer Folge die Spitzenleute aus Heidelberg, Ostpreußen, Österreich, Sachsen und sogar aus dem Saarland kamen und teilweise auch die Linden zur Schaustellung ihrer Triumphe nutzten. Da fand sich zwar auch immer die obligatorische jubelnde Menge, doch untergründig war auch die Überlegenheit dessen zu spüren, der immer schon da war und nicht, wie der Bejubelte, heute kommt und morgen schon wieder geht.

Die Bäume

Als zu Anfang des 15. Jahrhunderts mit Friedrich I., dem Burggrafen von Nürnberg, die Hohenzollern in die Mark Brandenburg kamen, sich den rebellischen Adel unterwarfen und den Städten größere Sicherheit, aber auch den Verlust an Selbständigkeit brachten, waren die Berliner tatsächlich seit mindestens zweihundert Jahren schon da. An der schmalsten Stelle der Spreeniederung, wo sich die Höhenzüge von Barnim und Teltow einander nähern, hatten sie zwischen Spreearmen die Städte Cölln, im Westen, und Berlin, im Osten, gegründet und sie wirtschaftlich und politisch so gut entwickelt, daß die Hohenzollern bald ihre Residenz in sie verlegten und das Schloß bauten, das zweihundert Jahre später zum Ausgangspunkt der berühmten Linden-Allee werden sollte. Mit dem Schloßbau hing aber auch der sogenannte Berliner Unwille zusammen, die erste Erhebung der Hauptstädter gegen die fürstliche Macht.

Durch eine geschickte Politik, die auch Gewaltandrohung nicht scheute, hatte der Kurfürst Friedrich II. Streitigkeiten in und zwischen den beiden Städten dazu benutzt, sich städtische Privilegien zu sichern und auch das Recht zu erwirken, sich zwischen den Flußarmen, auf Cöllner Gebiet, ein Schloß zu erbauen. 1442 legte er persönlich dazu den Grundstein, doch verzögerte sich die Fertigstellung, weil die Bürger beider Städte, deren Einkünfte sich durch den Entzug von Rechten, wie dem der Zollerhebung und der Niederlage, verringert hatten, ihrer Unzufriedenheit unter anderem auch durch Verwüstung und

Überflutung der fürstlichen Baustelle Luft machten. Doch da andere Städte ihnen nicht zu Hilfe kamen, willigten sie schließlich notgedrungen in die Vorherrschaft der Kurfürsten ein.

1451 wurde das Schloß als feste Residenz bezogen, und es beherbergte damals schon, wie später immer, neben den Wohn- und Repräsentationsräumen des Kurfürsten und seines Hofes Landesämter, Kanzleien, Gerichte und ähnliches, so daß die späteren Um- und Anbauten nicht nur dem steigenden Luxusbedürfnis des Hofes geschuldet waren, sondern auch der Vergrößerung des Landes und der Perfektionierung der Bürokratie. Dabei wurde auch bald schon die Reihe der Künstler und Architekten, die den baufreudigen Hohenzollern dienstbar waren, mit Caspar Theiss, Rochus von Lynar und Johann Gregor Memhardt eröffnet, welch letzterer dann schon zu Zeiten des Großen Kurfürsten wirkte und somit auch etwas mit der von Linden beschatteten Straße zu tun hatte, deren bescheidene Anfänge in das Elend einer Nachkriegszeit fielen, das dem der Berliner Notzeiten nach 1945 nicht unähnlich war.

Der Dreißigjährige Krieg hatte, wie überall in der Mark, auch in Berlin und Cölln durch die ständigen Truppendurchzüge und Plünderungen, durch Kämpfe, Brände und Epidemien gewütet. Die Einwohnerzahl beider Städte hatte sich fast um die Hälfte verringert, mehr als ein Drittel der Häuser war zerstört oder verfallen, und auch das Schloß war in den langen Kriegsjahren in einen so desolaten Zustand geraten, daß Friedrich Wilhelm, der Große Kurfürst, der seit 1640 regierte und 1646 die oranische Prinzessin Luise Henriette geheiratet hatte, wahrscheinlich dieser zuliebe, der er die zerstörte Residenz nicht zumuten wollte, nach Abschluß des Westfälischen Friedens (1648) noch zwei Jahre am Niederrhein, im brandenburgischen Kleve blieb. Von dort aus leitete er brieflich die Wiederherstellung des Berliner Schlosses und ordnete dabei auch die Anlage eines Jagd- und Reitweges an. Dieser sollte vom Schloß zum Tiergarten führen und von Linden- und Nußbäumen beschattet werden. Der brief-

Kurfürst Friedrich II. von Brandenburg machte die Doppelstadt an der Spree zu seiner Residenz und erbaute das Schloß, das unter seinen Nachfolgern durch Um- und Anbauten ständig wuchs.

liche Erlaß des Kurfürsten vom 16. April 1647, in dem er Einzelheiten dazu festlegte, zeigt, neben seinen Gartenbauinteressen, die sich beim mehrjährigen Aufenthalt in den Niederlanden herausgebildet hatten, auch die Eigenart des absolutistischen Herrschers, möglichst jedes Detail persönlich zu regeln. Noch sein Enkel Friedrich Wilhelm I. und sein Urenkel Friedrich II. regierten ihr inzwischen größer gewordenes Preußen auf diese direkte und persönliche Art.

So wird in dem Erlaß zum Beispiel angeordnet, daß für die im Herbst zu pflanzenden Bäume »anitzo« schon »Kuhlen oder Grüben, da die Bäume eingesezet werden«, gegraben und mit »guter Erde« ausgefüllt werden sollen, »welches dann bey der Einsezung den Bäumen wohl zu Statten kommen und die Bewürzelung und Wachsung umb so beßer befördern wirdt«.

Die für Jagdausflüge des Hofes bestimmte Allee begann an der Schloßbrücke, die damals Hundebrücke genannt wurde und zum Passieren der Schiffe hochgezogen werden konnte, führte über noch unbebautes Gelände und endete etwa in Höhe der heutigen Schadowstraße, wo schon der Tiergarten begann. Daß der Kurfürst bei der großzügigen Anlage von sechs Baumreihen, die später auf vier reduziert wurden, bereits an eine Prachtstraße für die aufblühende Residenz gedacht hatte, ist anzunehmen, wenn man den zügigen Ausbau der Stadt in westliche Richtung bedenkt.

Wichtiger freilich waren ihm, nach den bösen Erfahrungen des Dreißigjährigen Krieges, die Befestigungsanlagen, die er von einigen der besten Baumeister Europas, Memhardt darunter, ausführen ließ. Den Wällen, Gräben und Bastionen, die eine Bewährungsprobe im Kriege glücklicherweise nie zu bestehen hatten, mußte auch der östliche Teil der neuangelegten Lindenallee weichen, so daß die Baumreihen erst außerhalb von Wall und Graben begannen, dort nämlich, wo sie, in Höhe der Universitätsstraße, auch heute, mit der Mittelpromenade zusammen, beginnen und sich Rauchs Friedrich-Denkmal erhebt. Dort gab es

Friedrich Wilhelm, der Große Kurfürst, der die Grundlagen zum späteren Aufstieg Preußens legte, war auch Schöpfer des vom Schloß zum Tiergarten führenden Reitweges, der späteren Straße Unter den Linden, deren Bebauung zu seiner Zeit schon begann.

ein Stadttor und eine Zugbrücke über den Festungsgraben. Doch dauerte dieser Zustand nicht lange, da sich in den nächsten Jahrzehnten die neuen Städte, die erst nach der Königskrönung Friedrichs I. unter einem Magistrat und dem Namen Berlin vereinigt wurden, rasch nach Westen schoben, wobei auch die Lin-

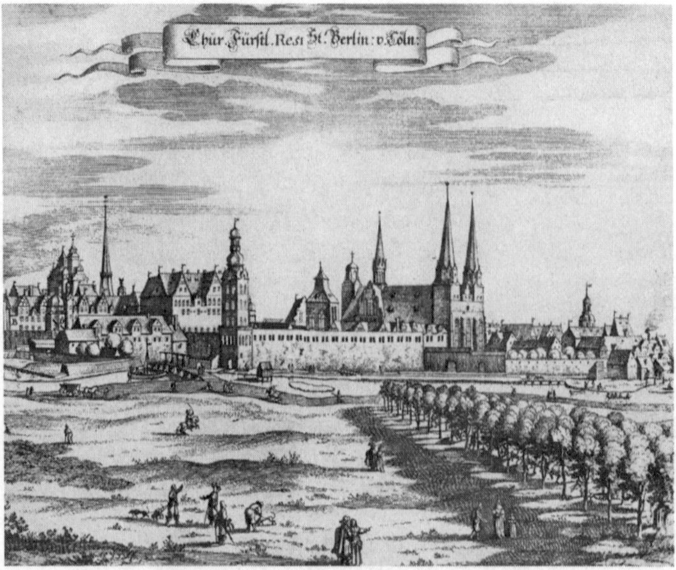

Der Merian-Kupferstich zeigt die Doppelstadt zur Zeit des Großen Kurfürsten nach der Anlage der Befestigungswerke, denen ein Teil der Lindenallee, die ursprünglich an der Hundebrücke begonnen hatte, weichen mußte. In die so entstandene Lücke wurde später das Forum Fridericianum gebaut.

den auf ihre endgültige Länge von knapp anderthalb Kilometer gebracht wurden und unter Friedrich Wilhelm I. mit dem Quarrée genannten viereckigen Platz ihren passenden Abschluß fanden. Das neue Tor, das hier nun errichtet wurde, war zwar noch nicht unser Brandenburger Tor, hieß aber schon so.

Damit waren die Abmessungen und der Rahmen für die künftige Staats- und Paradestraße, die aber von Anfang an auch als Flanierkorso dienen sollte, von drei Herrschergenerationen gegeben worden. Der Große Kurfürst hatte die Bäume gewählt und die Richtung gewiesen; sein Sohn, der erste König in Preußen, war am Ausgangspunkt der Straße mit dem Umbau des

Schlosses zu einem imposanten Barockbau maßstabbildend gewesen; und dessen Sohn, der Soldatenkönig, hatte mit dem Viereck vor dem Tiergarten einen Abschluß gefunden, der der Bedeutung des königlichen Boulevards entsprach.

Was aber weitgehend noch fehlte, das war die Füllung dieses kostbaren Rahmens. Zwar säumten beim Tode Friedrich Wilhelms I., 1740, schon Häuser die ganze Länge der Straße, aber es waren meist schmucklose, billige Bauten, wie sie den Sparsamkeitsprinzipien des Soldatenkönigs entsprachen. Nur am Anfang, gleich hinter dem Kupfergraben, dem Haus gegenüber, das einst Memhardt gehört hatte, erhob sich der mächtige und prächtige barocke Bau des Zeughauses. Aber er stand vor den unbrauchbar gewordenen Festungsanlagen ziemlich allein.

Das Schloß

Um dem 1701 entstehenden Königreich Preußen ein repräsentatives Zentrum zu geben, war das Schloß auf der Spreeinsel, von dem die Linden ausgingen, ab 1698 von Andreas Schlüter und seinem Konkurrenten und Amtsnachfolger Eosander von Göthe zu einem mächtigen Barockbau gestaltet worden, der zeitweilig, neben dem Stockholmer Schloß Karls XII., als die modernste Residenz Europas galt. Wie schon vorher unter den Kurfürsten, war das Schloß auch im 18. Jahrhundert mit seinen nun etwa 700 Zimmern und Sälen mehr als der hauptsächliche Wohn- und Regierungsort des Herrschers; es war auch Sitz vieler zentraler Behörden, Tresor des Staatsschatzes, Hotel für vornehme Gäste, administrativer Mittelpunkt der zerstreut liegenden Landesteile und nicht nur städtebaulicher, sondern auch besonders in den Karnevalswochen gesellschaftlicher Mittelpunkt der adligen Kreise der Stadt.

Auch als Anfang des 19. Jahrhunderts die neugeschaffenen Fachministerien eigene Gebäude bezogen, dauerte die Multifunktionalität des Schlosses noch fort. So konnte zum Beispiel Scharnhorst, als er 1801 die Militärische Gesellschaft gründete, seinen Unterricht für Offiziere in den Schloßräumen abhalten. Und da verstärkt auch Bürgerliche an den Repräsentationsveranstaltungen des Hofes teilnehmen konnten, wurde selbst unter Friedrich Wilhelm III. und Wilhelm I., die im Schloß keine Wohnräume hatten, die gesellschaftliche Bedeutung des riesigen Baues verstärkt.

Im Schloß wurden die Hochzeiten und Taufen des Herr-

Gemälde von Franz Krüger, das die Huldigung vor Friedrich Wilhelm IV. nach seiner Thronbesteigung 1840 zeigt. Im Gegensatz zu seinem Vater, der die Öffentlichkeit möglichst mied, trat der neue König gern als Volksredner auf. Links im Bild das Schloß, rechts das Zeughaus und die Kommandantur.

scherhauses festlich begangen, an jedem 18. Januar der Jahrestag der Krönung gefeiert, und auch wichtige politische Zusammenkünfte fanden hier statt. So trat im April 1847 zum Beispiel im Weißen Saal des Schlosses der Vereinigte Landtag zusammen, auf dem Friedrich Wilhelm IV. zum Ärger der Progressiven seine Ablehnung einer Verfassung mit einer blumigen Wendung begründete, die meist nur verkürzt zitiert worden ist. »Es drängt mich zu der feierlichen Erklärung«, so lautet sie richtig, »daß es keiner Macht der Erde je gelingen soll, mich zu bewegen, das natürliche … Verhältnis zwischen Fürst und Volk in ein konventionelles, konstitutionelles zu wandeln, und daß ich es nun und nimmermehr zugeben werde, daß sich zwischen Unsern Herrgott im Himmel und dieses Land ein beschriebenes Blatt gleichsam als eine zweite Vorsehung eindränge, um Uns mit seinen Paragraphen zu regieren und durch sie die alte heilige Treue zu ersetzen.« Zwei Jahre später war eine Verfassung, wenn auch nicht die vom Volk gewünschte, da.

Auch die revolutionären Ereignisse von 1848 nahmen vom

Schloß her ihren Ausgang. Im Schloßhof wurde der König gezwungen, den aufgebahrten gefallenen Barrikadenkämpfern seine Ehrerbietung zu erweisen. Und es war der Rittersaal des Schlosses, in dem der König 1849 die Annahme der ihm von der Frankfurter Nationalversammlung angetragenen deutschen Kaiserkrone verweigerte, weil eine solche demokratische Krönung seiner Auffassung vom Gottesgnadentum des Monarchen zuwiderlief.

Da bei Feierlichkeiten des Hofes im 19. Jahrhundert die Zuschauermassen immer mehr auch zu Mitfeiernden wurden, zog man auch häufiger die dem Schloß benachbarten Plätze und auch die Straße Unter den Linden in die Festivitäten mit ein. Als im Dezember 1793 die mecklenburgischen Prinzessinnen Luise und Friederike als Bräute des Kronprinzen Friedrich Wilhelm (III.) und seines Bruders Ludwig feierlich in Berlin einfuhren, um im Schloß empfangen zu werden, hatte man die Ehrenpforte für sie schon in Höhe der heutigen Universität errichtet, die Linden also zum Vorhof des Schlosses gemacht.

Beim Fest der Thronbesteigung Friedrich Wilhelms IV., 1840, wurde nach den Huldigungen des Klerus und der Stände, die im Schloß und im Dom stattgefunden hatten, auf dem Schloßplatz für die breitere Öffentlichkeit gefeiert. Die Ehrengäste durften hier auf Tribünen sitzen, und für den König, der als erster der Hohenzollern auch als Volksredner wirkte, wurde ein Baldachin errichtet. Öffentliche Ansprachen hielt dann auch gern der letzte Kaiser, Wilhelm II., und da er pompöse Auftritte in wechselnden Uniformen liebte, benutzte er dazu oft den Lustgarten und die Straße Unter den Linden, die unter seiner Regierung aber auch zur modernen Verkehrsader wurde. War seine Zeit doch nicht nur von Traditionalismus, sondern auch von wissenschaftlichem und technischem Fortschritt bestimmt.

Der Verkehrslärm, der heutzutage geruhsame Spaziergänge Unter den Linden verhindert, wurde unter anderem dadurch verschuldet, daß man in den achtziger Jahren des 19. Jahrhunderts die vorher im verkehrstoten Winkel an Schloß und Lust-

Die Ruine des Schlosses, die 1950 auf Weisung von Ulbricht gesprengt wurde, auf einem Photo von 1947.

garten beginnende Straße durch ihre Verlängerung in östlicher Richtung zur Durchgangsstraße gemacht hatte, zur kürzesten Verbindung zwischen dem Alexanderplatz und Charlottenburg. Vorher hatten die Linden für den von Westen kommenden Verkehr am Lustgarten geendet. Um den Alexanderplatz erreichen zu können, hatte man vor dem Schloß rechts abbiegen und den Weg über die Königs-, die heutige Rathausstraße oder den Mühlendamm nehmen müssen. Nun aber, zu wilhelminischen Zeiten, schlug man durch das mittelalterliche Berlin mit seinen Gassen und Gäßchen die breite Schneise der Kaiser-Wilhelm- (heute Karl-Liebknecht-)Straße und öffnete damit, wie man meinte, dem Fortschritt die Tür.

Julius Rodenberg, der Flaneur jener Jahre, hat in seinen »Bildern aus dem Berliner Leben« nicht nur von den Schuttbergen dieses Begradigungs- und Zerstörungswerks, sondern auch von seinen zwiespältigen Gefühlen umständlich erzählt. Wehmütig beschreibt er den Verlust mancher Stätten, die an Moses Mendelssohn, Nicolai und Lessing erinnerten; er trauert um krumme Gassen, idyllische Höfe und gemütliche Kneipen, bekennt sich aber auch tapfer zu dem Geist, der die Stadtplaner damals bewegte, indem er das »Demolierungswerk der Kaiser-Wilhelm-Straße« als ein »Reinigungswerk« bezeichnet, das Licht und Luft in die dunkelsten Winkel des alten Berlin gebracht habe und der Gesundheit und der Verkehrszirkulation diene. Die neue, breite Kaiser-Wilhelm-Straße, so resümiert er, wird den kommenden Generationen »das großartigste Zeichen für das Berlin Kaiser Wilhelms« sein.

Was die Kaiserzeit von dem rechts der Spree gelegenen alten Berlin übriggelassen hatte, wurde im Zweiten Weltkrieg zertrümmert und in den Nachkriegsjahrzehnten in eine vom Fernsehturm überragte innerstädtische Leere verwandelt, in der die Betonattrappe des Nikolaiviertels nur schlecht ans Verlorene erinnert und die erhalten gebliebene Marienkirche wie ein Fremdkörper wirkt. Mit dem alten Cölln verfuhr man nicht anders. Auch hier wurde die alte Straßenführung vielfach mißachtet, Fahrbahnen wurden verbreitert, Plattenbauten errichtet und manche wiederaufbaufähige Ruine einfach beseitigt – so auch der Ausgangspunkt der Straße Unter den Linden, das Stadtschloß, das 1950 gesprengt wurde und einen nach Marx und Engels benannten riesigen Platz zurückließ, der Massenaufmärschen dienen sollte, aber so deprimierend wirkte, daß 1976 der sogenannte Palast der Republik auf Teilen von ihm gebaut wurde. Aber die Ödnis beseitigte er nicht.

Nur der Wiederaufbau der Schlüterschen Schloßfassade, dem der Bundestag im Sommer 2002 zugestimmt hat, kann die häßliche Lücke in Berlins Mitte füllen, das Ensemble von Dom, Altem Museum, Zeughaus und Lustgarten wieder vervollständigen und den Linden einen würdigen Anfang geben. Doch wird auch dann noch bedauerlich bleiben, daß der Verkehrsstrom der zur Durchgangsstraße gemachten Linden die Korrespondenz zwischen den aufeinander bezogenen Prachtbauten stört.

Küchengarten und Exerzierplatz

Am Ursprung der Linden, an Schloß und Lustgarten also, begann auch der Jurastudent Heinrich Heine seinen Linden-Spaziergang, von dem er in seinen 1822 erschienenen »Briefen aus Berlin« heiter und ironisch erzählt. Es war die Zeit, in der der Geheime Oberbaurat Karl Friedrich Schinkel die Stadt in einer uns heute zusagenden Weise verschönerte. Schon war auf dem Gendarmenmarkt sein Schauspielhaus zu bewundern. Schon stand am Kastanienwäldchen die Neue Wache. Den Umbau des Doms (ein Werk des älteren Boumann von 1750, wesentlich kleiner und bescheidener als der uns heute Vertraute aus Zeiten des letzten Kaisers) hatte er gerade beendet und war dabei, die hölzerne Zugbrücke über den Kupfergraben durch die steinerne Schloßbrücke zu ersetzen. Schon gab es die Entwürfe für die Friedrichwerdersche Kirche, und auch mit dem Bau des Museums, das wir heute das Alte nennen, wurde wenig später begonnen; es schloß und schließt noch bis heute den Lustgarten nach Norden hin ab.

Heine aber sah den Lustgarten noch ohne diese bauliche Begrenzung. An ihrer Stelle teilte ein breiter, im Zuge der Memhardtschen Befestigungsbauten entstandener Graben die Insel, auf deren nördlichem Teil, wo sich heute die Museen drängen, ein Packhof zum Entladen der Schiffe stand. Der Lustgarten selbst, den der Große Kurfürst von einem Küchengarten des Schlosses in eine barocke Anlage hatte umwandeln lassen, hatte seit Friedrich Wilhelm I. nichts mehr von einem solchen. Er war so unansehnlich geworden, daß Heine sich beim Stichwort Lustgarten fragen konnte, wo denn aber hier der Garten sei.

Statt der Blumenornamente, der geometrisch geformten Hecken und seltenen Pflanzen, zu denen übrigens auch, erstmalig in Preußen, die Kartoffeln gehört hatten, sah er einen öden, von Pappeln gerahmten Platz, der vor allem zum Exerzieren und Paradieren geeignet war. Es war noch immer die von Friedrich Wilhelm I. geschaffene schlichte, leicht zu pflegende Anlage, auf der des Königs geliebte und mißhandelte Soldaten gedrillt wurden, während er, wenn er, was allerdings selten war, in Berlin weilte, vom Fenster seines Arbeitszimmers aus zusehen konnte. Angeblich hatte er deshalb die Zimmer an der Lustgartenseite des Schlosses zum Wohnen gewählt.

Den nach Schönheit dürstenden jungen Dichter mußte die Öde des Exerzierplatzes zu Äußerungen über das Militär provozieren; doch fielen die, verglichen mit späteren Urteilen, relativ milde aus. Während er zwei Jahrzehnte danach, durch böse Erfahrungen veranlaßt, in seinem »Deutschland. Ein Wintermärchen« an den preußischen Soldaten nur ihre Pedanterie, ihre eckigen Bewegungen und den in den Gesichtern »eingefrorenen Dünkel« zu sehen vermochte, gesteht er hier, angesichts des Lustgartens, Freude an den Wachparaden zu haben, obwohl er »kein sonderlicher Freund vom Militärwesen« sei. Preußische Offiziere, »schöne, kräftige, rüstige, lebenslustige Menschen«, seien ihm ein erfreulicher Anblick. Zwar sehe man auch »hier und da ein aufgeblasenes, dummstolzes Aristokratengesicht aus der Menge hervorglotzen«, doch fände man beim größeren Teil der hiesigen Offiziere, besonders bei den jüngeren, eine Bescheidenheit und Anspruchslosigkeit, die man besonders deshalb bewundern müsse, weil »der Militärstand der angesehenste in Berlin« sei. Er lobt die allgemeine Wehrpflicht, weil diese den Kastengeist gemildert habe, witzelt über die von Schinkel »ganz kürzlich von außen neuverzierte« Domkirche und wird von einer »vielbewegten Menschenmasse« aus »Bekennern des

Dieses Porträt des jungen Heinrich Heine von C. Colla entstand etwa 1820, also zwei Jahre vor den »Briefen aus Berlin«.

Alten und des Neuen Testaments« erschreckt. »O Gott, welche Gesichter! Habsucht in jedem Muskel!« Es war die Börse, zu der die Menge sich drängte. Sie befand sich damals nämlich gleich links neben dem Dom.

Am Spreeufer hatte Memhardt dem Großen Kurfürsten neben dem Lustgarten auch ein Lusthaus mit Kuppel und offenen Galerien errichtet, in dessen Erdgeschoß die Kühle einer muschelverzierten Grotte lockte, während im Saal des Obergeschosses die Hofgesellschaft im Sommer tafeln und sich vergnü-

Der Stich von Christian Peter Jonas Haas nach Friedrich August Calau zeigt die alte Domkirche am Lustgarten von Johannes Boumann d. Ä., die 1750 eingeweiht wurde. Links neben ihr steht das Königliche Waschhaus und das von Memhardt erbaute Lusthaus, das später als Börse diente. Rechts ragt hinter dem Apothekenflügel des Schlosses der Turm der Marienkirche auf.

gen konnte – bis der Soldatenkönig 1713 den Thron bestieg. Der wirtschaftlichen Vernunft gehorchend, wurde das Lusthaus in eine Tapetenfabrik umgewandelt; und als diese sich nicht mehr rentierte, durfte die Kaufmannsgilde im Saal ihre Börse einrichten. Das Erdgeschoß aber wurde als Werkstatt des Hofbildhauers genutzt.

Wie viele Plätze Berlins hat auch der Lustgarten, bei dem nur der Name beständig war, sein Aussehen häufig verändert. Jede Zeit paßte ihn ihren politischen und ästhetischen Bedürfnissen an. Hatte absolutistische Prachtentfaltung den Nutzgarten in eine barocke Anlage verwandelt, so mußte diese im rationalistischen Zeitalter dem Exerzierplatz weichen, der dann aber für das klassizistische Berlin nicht mehr passend war. Kaum hatte Schinkel die nördliche Begrenzung des Platzes durch den Bau seines breitgelagerten Museums beendet, so wurde der Platz nach seinen Vorstellungen von Peter Joseph Lenné mit Baumrei-

Das Photo zeigt die alte, von Schinkel umgebaute Domkirche am Lustgarten um 1890, kurz vor ihrem Abriß. Heines Spott entzündete sich an den beiden von Schinkel aufgesetzten Türmchen, die ihm wie »Vogelkörbe« (gemeint sind Käfige) vorkamen, in denen, wie ein Witzwort besagte, »Dompfaffen abgerichtet« wurden.

Das Photo von Waldemar Titzenthaler zeigt den Blick von der Treppe des Alten Museums auf den Lustgarten im Jahre 1913. Vorn steht die Granitschale, die Christian Gottlieb Cantian 1829 aus einem der Markgrafensteine der Rauenschen Berge geschaffen hatte, hinten das Schloß und in der Mitte, seit 1871, das Reiterstandbild Friedrich Wilhelms III.

hen, Rasenflächen und einem fontänegeschmückten Wasserbecken zu einem Park umgestaltet, der aber schon in der nächsten Generation dem wachsenden Bedürfnis nach vaterländischen Denkmälern zum Opfer fiel.

Da Unter den Linden schon die Reformer und Kriegshelden der napoleonischen Ära ihre Denkmäler gesetzt bekommen hatten, schien es nötig zu sein, auch ihren König auf diese Weise zu ehren, nur mußte, seiner Stellung entsprechend, sein Denkmal viel imposanter ausfallen. Der Bildhauer Albert Wolff setzte Friedrich Wilhelm III. also auf ein Pferd und dieses auf einen Sockel, der einen dreistufigen Unterbau hatte, so daß die Entfernung vom Erdboden bis hinauf zum Generalshut mehr als zwölf Meter betrug.

Um der fünfzigsten Wiederkehr des Tages zu gedenken, an dem mit dem königlichen Aufruf »An mein Volk« die Befreiungskriege eröffnet worden waren, wurde die Grundsteinlegung des Denkmals am 3. März 1863 durch Wilhelm I. vollzogen, der damit auch den Auftakt für die erneute Umgestaltung der Lustgartenanlage gab. Die Denkmalsenthüllung sollte zum hundertsten Geburtstag des Geehrten, im August 1870, stattfinden, doch kam der Krieg gegen Frankreich dazwischen, und man enthüllte den königlichen Reiter erst ein Jahr später im Zusammenhang mit der Siegesfeier, die nicht nur der französischen Niederlage, sondern auch der Rangerhöhung Wilhelms I. zum Kaiser galt.

Der Lustgarten war als Standort für dieses Denkmal insofern wenig geeignet, als Friedrich Wilhelm III., der die Öffentlichkeit immer gescheut und dem Volke mißtraut hatte, in den kommenden Jahrzehnten hier oft von den Massen, die fortan das Zeitalter bestimmten, umgeben war. Nach den Festlichkeiten, auf denen sich Kaiser Wilhelm II. in schmucken Uniformen der Menge zu zeigen liebte, versammelten sich hier auch jene, die seinen Sturz betrieben und die Republik ausriefen. Parteien aller Schattierungen trafen sich hier zu Kundgebungen, in denen sie

Franz Hessel, der 1938 vor den Nazis aus Berlin fliehen mußte und im französischen Exil starb, war nicht nur Lyriker, Romancier und Übersetzer, sondern auch ein ausgezeichneter Essayist. Bis heute lebendig gebliebenist vor allem sein 1929 erstmals erschienenes Buch »Spazieren in Berlin«.

ihren Wünschen nach Beharrung oder Veränderung Ausdruck gaben. Die SA marschierte. Nach dem »Blitzkrieg« gegen Frankreich 1940 konnte hier der berühmte Eisenbahnwagen von Compiègne besichtigt werden. Eine antisowjetische Ausstellung, die Widerstandskämpfer anzuzünden versuchten, sollte den Krieg gegen Rußland rechtfertigen. Und allen stand das Reiterstandbild im Wege, das dann mit dem Ende der Hitlerherrschaft durch Bomben zugrunde ging.

Erhalten aber blieb, als eine Sehenswürdigkeit aus vormärzlichen Tagen, die große Granitschale, die aus einem der Markgrafensteine der Rauenschen Berge gefertigt worden war. Sie war von Hitlers Leuten, weil sie bei Aufmärschen störte, wie ein Möbel verschoben worden, steht heute aber wieder dort, wo Schinkel sie hingestellt hatte. Denn seine mit dem Museum zugleich entworfene Parkanlage wurde in unseren Tagen glücklicherweise rekonstruiert.

Zu ihr gehört eigentlich die alte, bescheidene, von Schinkel veränderte Domkirche, nicht aber der zu groß geratene, unruhige Dom von Julius Raschdorff mit seiner Vielzahl an »Hochrenaissanceeinzelheiten«, der eine größere Fläche als der Kölner Dom bedeckt. Franz Hessel, der sensible Flaneur der Weimarer Jahre, wäre über den Abriß dieses »Riesengefüges von Quantität, Material und schlecht angewandter Gelehrsamkeit«, das alle »religiösen und menschlichen Gefühle« verletze, glücklich gewesen, weil das, wie er meint, die Unschuld der Vergangenheit wiederhergestellt hätte. Er, der von 1888 an in Berlin gewohnt, den 1905 fertig gewordenen Dombau also miterlebt hatte, mußte ihn noch als gegenwärtige Sünde empfinden. Wir aber, die wir in Jahrzehnten die liebevolle Wiederherstellung des von Bomben beschädigten Gotteshauses erlebt haben, können milder über ihn urteilen, weil er für uns zum rar gewordenen Vergangenheitszeugnis geworden ist.

Die Brückenpuppen

Vielleicht um nicht daran erinnert zu werden, daß er im teuren Berlin auf Kosten seines reichen Onkels Salomon Heine lebte, kehrte also der junge Dichter den Börsianern den Rücken, um sich Schönerem zuzuwenden, der Straße Unter den Linden nämlich, die an der Brücke über den Kupfergraben schiefwinklig auf Schloß und Lustgarten stößt. Die Brücke war, wie gesagt, damals noch schmal und hölzern und hieß Hundebrücke; doch waren, wie Heine bemerkte, schwatzende und »Branntewein« trinkende Bauarbeiter schon mit Vorbereitungen zu ihrem Abriß beschäftigt; denn nach Schinkels Plänen sollte sie durch die steinerne, dreibögige, auf die Breite der Prachtstraße gebrachte und mit plastischen Figurengruppen geschmückte Schloßbrücke ersetzt werden, deren Fertigstellung Heine aber nicht mehr erleben konnte, da er im Mai 1823 Berlin wieder verlassen mußte und seine zwei späteren Kurzbesuche noch ins gleiche Jahrzehnt fielen, während die Fertigstellung der Brückenfiguren aus Kostengründen lange noch auf sich warten ließ. Erst 1854 standen alle acht Bildwerke, die von Schinkel ersonnen und von acht Rauch-Schülern ausgeführt worden waren, auf ihren hohen Marmorpodesten – von denen sie im Zweiten Weltkrieg abmontiert und sicher gelagert wurden, so daß sie die Bomben und Granaten heil überstehen, im Kalten Krieg dem gespaltenen Berlin als Tauschobjekt dienen und 1982 ihren alten Platz wieder einnehmen konnten, auf einer Brücke freilich, die nun weder Hunde- noch Schloß-, sondern (glücklicherweise nur für einige Jahre) Marx-Engels-Brücke hieß.

Wäre Heinrich Heine kurz vor seinem Tode noch einmal nach Berlin gekommen, hätten ihn die Brückenfiguren damals sicher nicht weniger als uns heute befremdet; denn sie stellen in mythologischer Verkleidung die Schönheit des Todes auf dem Schlachtfelde dar. Der antikisch-nackte Jüngling, dessen Lebenslauf die acht Stationen erzählen, wird von den Göttinnen Nike, Athena und Iris über die Heldentaten der Vorväter unterrichtet, im Waffengebrauch unterwiesen, in die Schlacht geführt und schließlich als Toter hinauf zum Olymp getragen, in die Unsterblichkeit.

Gedacht war bei diesem klassizistischen Heldengedenken an die Gefallenen der Befreiungskriege, und zwar nicht nur, wie im 18. Jahrhundert üblich, an die Feldherren und gekrönten Häupter, sondern auch die einfachen Soldaten, die in friderizianischen Zeiten ohne besondere Ehrung geblieben waren. Dieser Zyklus von Brückenfiguren ist, in uns fremd gewordenem antikem Gewande, eine frühe Gedenkstätte für den unbekannten Soldaten, ein Denkmal im Geiste des reformierten Preußen, das mit der allgemeinen Wehrpflicht die unwürdige Behandlung der Soldaten beendet und mit dem Eisernen Kreuz eine Kriegsauszeichnung gestiftet hatte, die an jeden verliehen werden konnte, unabhängig von Rang und Stand.

Daß die Puppen, wie die Berliner die Brückenfiguren nannten, zur Zeit ihrer Fertigstellung Aufsehen erregten, hing aber nicht mit ihrer patriotischen Botschaft, sondern mit ihrer Nacktheit zusammen. Wie Varnhagen berichtet, traf man auf der Schloßbrücke immer wieder auf Gruppen von Menschen, die das Antike nicht als solches begriffen, sondern in ihm die Verletzung von Sitte und Anstand sahen, während andere wieder frivole Scherze darüber machten, die Varnhagen, so sehr sie ihn auch verdrossen, als ein Gegengift gegen die verordnete Frömmelei empfand. »Der König«, meinte er, »wird noch befehlen müssen, den Bildsäulen während der Nacht die Geschlechtsteile wegzumeißeln.« Und ihm kommt auch zu Ohren, daß der Kul-

Eine der acht Figurengruppen der Schloßbrücke: Pallas Athene ruft den Krieger zum Kampf. Photo von Manfred Küchler.

turminister tatsächlich beim König den amtlichen Antrag gestellt habe, »die nackten Bildsäulen von der Schloßbrücke wieder abzunehmen« und ins Zeughaus zu stellen.

Der Spottname Puppenbrücke war auch Alfred Döblin in seiner Jugend geläufig, und als er sie wiedersah nach vierzehn Exiljahren, waren es nicht schön verklärte, sondern unangenehme Erinnerungen, die ihn beim Anblick der nun puppenlosen und von Ruinen umgebenen Brücke bewegten. Er, der in Stettin Geborene, aber in Berlin Aufgewachsene, der als Arzt und Autor die Stadt bis in ihre dunkelsten Winkel gekannt und diese durch seinen Roman »Berlin Alexanderplatz« weltberühmt gemacht hatte, gesteht in seinen Erinnerungen an die Exiljahre, die 1947 mit dem deprimierenden Besuch seiner zertrümmerten Heimatstadt enden, er habe diese Gegend um Schloß, Lustgarten und Linden nie gemocht. Hier, an der Puppenbrücke, habe er als Schüler an Kaisers Geburtstag in der Januarkälte oft stehen müssen, um mitzujubeln, wenn um die Mittagsstunde Wilhelm II. mit seinen Söhnen zwecks Paroleausgabe vom Schloß zum Zeughaus marschierte, immer glänzend uniformiert. Hier, in Schloßnähe, sei er an jenem verhängnisvollen heißen Augusttage 1914 Teil der singenden, dem »Delirium des Krieges« verfallenen Menge gewesen, die sich die Linden hinunter bis zur Friedrichstraßenkreuzung bewegt hatte – die er nun, 1947, bei seiner Rückkehr, die zur Heimkehr nicht wurde, völlig entstellt wiedersah. Er fand sie, diese früher verkehrsreichste Ecke, tot und leer wie die nun baumlosen Linden, und wie in einem Traum, den fünfzehn Jahre zuvor niemand geträumt hatte, spazierte inmitten der trostlosen Schuttberge ein russischer Soldat mit einem Mädchen an der Seite vorbei.

1822 aber überquerte, wie schon gesagt, der junge Heine den Kupfergraben noch auf der schmalen, aufziehbaren Holzbrücke, und da er Paris noch nicht kannte, war seine Behauptung, er kenne »keinen imposanteren Anblick, als, vor der Hundebrücke stehend, die Linden hinaufzusehen«, wohl keine Übertreibung; nur meinte er damit nicht die Straße Unter den Linden als solche, die ja eigentlich erst mit der Mittelpromenade hinter der Universität beginnt, sondern vor allem das Forum Fridericianum oder auch Friedrich-Forum, das die Gemeinde der Friedrich-Verächter, um diesen genialen, aber nicht unbedingt sympathischen König vergessen zu machen, auch Linden-Forum zu nennen liebt.

Alfred Döblin. Tuschfederzeichnung von Rudolf Großmann, 1932.

Heines Aufzählung der von ihm bewunderten Gebäude macht diese Teilsicht deutlich. Abgesehen vom Akademiegebäude nennt er nur zum Forum gehörende Bauten: das Zeughaus, die Universität und das »neue Wachthaus«, das Kronprinzenpalais, die Oper und die Kommode. Und nur eines der ihm ins Auge fallenden Häuser wurde von ihm vergessen, gleich links das erste, das eher als alle anderen schon gebaut worden war.

Vielleicht war Heine das von Memhardt 1655 zum eigenen Gebrauch errichtete zweigeschossige Gebäude, das um 1800 der Staat gekauft und umgebaut hatte, mit seinem Walmdach, seinem Vorgärtchen und den vier Eingangssäulen zu unscheinbar für eine Erwähnung erschienen. Vielleicht aber unterschlug er es auch, weil er vom Militär schon genug geredet hatte und dieses Haus, mit einem Wachposten davor, das des Stadtkommandanten war. Damals hatte ein General von Brauchitsch dieses Amt inne, ihm folgten ein von Tippelskirch, ein von Nostiz, von Lützow, von Prittwitz und andere Träger ähnlich berühmter Namen. Einen Bürgerlichen gab es unter ihnen bis 1918 nicht.

Sechzehn Jahre vor Heines Berliner »Briefen«, im Oktober 1806 nämlich, hatte ein anderer junger Autor, der Henri Beyle hieß, später aber unter dem Pseudonym Stendhal berühmt werden sollte, als Angehöriger der napoleonischen Besatzungsarmee einige Tage in diesem Hause genächtigt, aber wenig Bewunderung für die Bauten der Linden erkennen lassen, sich vielmehr vor allem über den märkischen Sand beklagt. In einem Brief an seine Schwester Pauline vom 3. November wußte er zu berichten, daß Berlin an einer ungepflasterten Straße liege, die schon ein wenig vor Leipzig beginne und so sandig sei, daß man in ihr bis zum Knöchel einsinke. Im deutschen Schauspiel sei er, Ifflands wegen, bereits gewesen, und nun sitze er in »einem kleinen Palast, wo vier Säulen einen Balkon stützen«, sehe auf der gegenüberliegenden Straßenseite »das prächtige Gebäude des Zeughauses« und seitwärts das ölig-grüne Wasser eines Spreearms, hinter dem das »Königsschloß« aufrage. Die Umgebung der Stadt sei eine sandige Einöde, auf der nur einige Bäume und ein wenig Gras wachse. Wie jemand auf die Idee hatte kommen können, eine Stadt inmitten dieses Sandes zu gründen, könne er nicht verstehen.

Der damals zur Charakterisierung Berlins immer wieder benutzte Sand, den auch Goethe in seiner Parodie auf den dichtenden Pastor Schmidt von Werneuchen bemüht hatte, war auch Jean Paul eingefallen, als er sechs Jahre vor Stendhal einige Monate in Berlin gelebt hatte. Helmina von Chézy gegenüber hatte er Berlin als eine Sandwüste bezeichnet, aber hinzugefügt, daß

Dieses vor dem Zweiten Weltkrieg aufgenommene Photo zeigt den Blick vom Schloß über die Schloßbrücke in die Straße Unter den Linden. Rechts das Zeughaus, links die Kommandantur.

Die Kommandantur, wie sie nach ihrem Umbau von 1874 aussah. Links hinter dem Kupfergraben mit Lastkähnen und den Häusern der Schloßfreiheit die Schloßkuppel. Photo von F. Albert Schwartz, 1880.

es nur in einer solchen Oasen gäbe, und er hatte mit diesen wohl nicht nur die Salons gemeint, in denen er schwärmerisch verehrt wurde, sondern auch die Schönheiten und Freiheiten der großen Stadt.

Berlin war dem Mann aus dem Fichtelgebirge »ein architektonisches Universum«, »ein glänzendes Juwel«, dem leider nur eine schöne Fassung, nämlich die Berge, fehlte. Das damals noch neue, von historischer Symbolik noch freie Brandenburger Tor war ihm eine grandiose und edle Eingangspforte zur Straße Unter den Linden, deren »Kolossen-Reihen von Palästen« ihm besonders reizvoll erschienen, weil einige von ihnen ihm offenstanden. Denn die Bewunderung, die die Berliner ihm nicht weniger als Goethe und Schiller zollten, war nicht bestimmt durch Standesgrenzen, was ihm den richtigen Eindruck vermittelte, daß das gesellschaftliche Leben in der Haupt- und Residenzstadt Preußens freier als in Kleinstädten und -staaten war.

Um den Eindruck nachempfinden zu können, den Heine, Jean Paul oder auch die Maler des Biedermeier vom Forum Fridericianum hatten, müssen wir uns heute den Verkehrsstrom wegzudenken versuchen, der seit dem Durchbruch der Kaiser-Wilhelm-Straße Zusammengehörendes zerschneidet und dem Platz den Charakter eines solchen nimmt. Auf älteren Stadtplänen finden wir den östlichen Teil der Linden (also den ohne die namengebenden Bäume) noch als Platz am Zeughaus und Platz am Opernhaus (später Kaiser-Franz-Joseph-Platz) bezeichnet. Erst 1937 wurden die Plätze amtlich in die Straße mit einbezogen, indem man die Häuserzählung der verkehrstechnisch erzwungenen Unkenntlichmachung des Forums anpaßte. Die Zählung begann nun, von Seite zu Seite springend, an der Schloßbrücke, so daß die Häuser der nördlichen Straßenseite mit geraden Zahlen, die der südlichen mit ungeraden versehen wurden, wodurch das Kommandantenhaus zur Nummer 1, das Zeughaus zur Nummer 2 wurde – eine Folge, die zufällig der Entstehungschronologie entsprach.

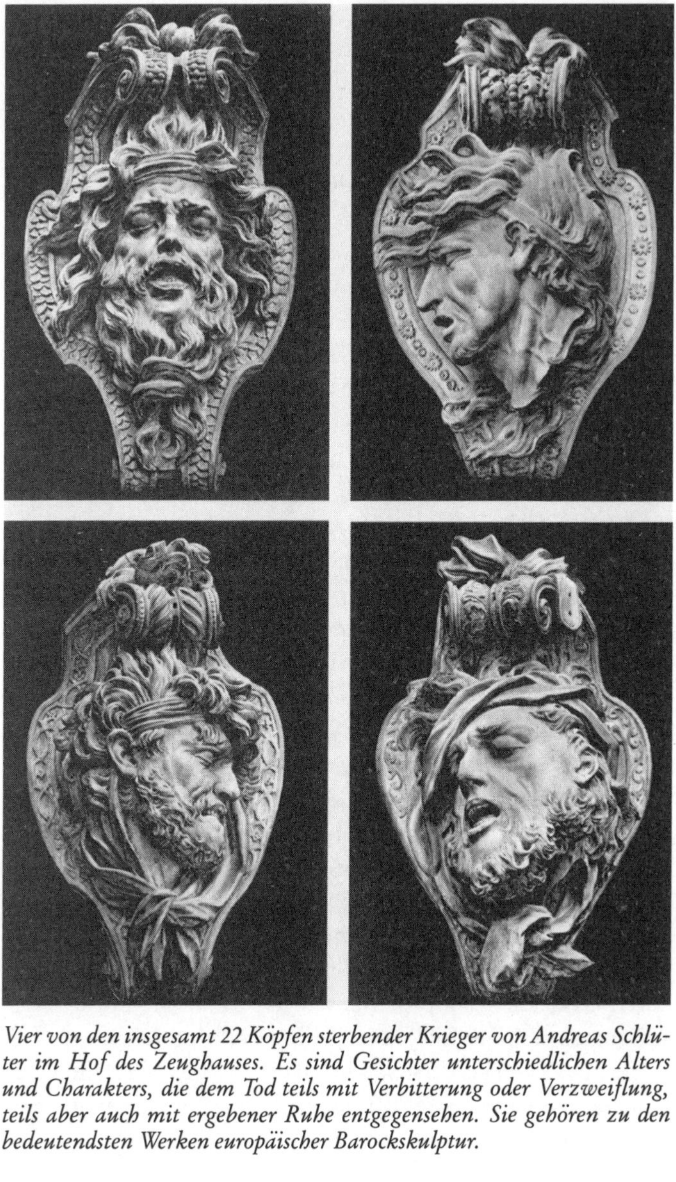

Vier von den insgesamt 22 Köpfen sterbender Krieger von Andreas Schlüter im Hof des Zeughauses. Es sind Gesichter unterschiedlichen Alters und Charakters, die dem Tod teils mit Verbitterung oder Verzweiflung, teils aber auch mit ergebener Ruhe entgegensehen. Sie gehören zu den bedeutendsten Werken europäischer Barockskulptur.

War das von Memhardt gebaute, in seiner ursprünglichen Form sehr bescheidene Haus schon zu Zeiten des Großen Kurfürsten entstanden, so gehörte das Zeughaus zu den Bemühungen seines Sohnes, der Residenz des 1701 entstehenden Königreiches auch königlichen Glanz zu verleihen. Fast gleichzeitig mit Schlüters großartigem Umbau des Schlosses entstand, seit 1695, der quadratische, um einen Innenhof geführte, mit reichem Figurenschmuck versehene Barockbau Arnold Nerings, der, nach dessen plötzlichem Tode, von Martin Grünberg, Andreas Schlüter und Jean de Bodt weitergeführt wurde und im 18. Jahrhundert als Waffenarsenal und Trophäensammlung Verwendung fand. Die berühmten zweiundzwanzig Köpfe sterbender Krieger, die Schlüter als Schlußsteine der Erdgeschoßfenster setzte, sind im Innenhof zu bewundern. Sie scheinen mit dem Aufzeigen der Qualen des Krieges im Gegensatz zu der triumphalen Geste des Gebäudes zu stehen.

Als Aufständische 1848, um sich mit Waffen zu versorgen, das Zeughaus stürmten, diente nur noch ein Teil des Hauses als Waffenkammer, im anderen hatte man Erinnerungsstücke aus den Befreiungskriegen gesammelt, die später als Grundstock für das Militärmuseum dienten, das, nach Umbauten im Innern, bei denen auch der Hof mit Glas überdacht wurde, 1881 eröffnet wurde und, den jeweils aktuellen Tendenzen folgend, bis zu seiner schweren Beschädigung durch Bomben des Zweiten Weltkrieges bestand. Zu bewundern waren hier historische Waffen, Uniformen und Fahnen, Festungsmodelle und nachgestellte Schlachten. Im Lichthof kündeten erbeutete Geschütze von den Siegen im Deutsch-Französischen Kriege. Und auf besonders feierliche Weise wurde in der Herrscher- und der Feldherrnhalle durch Gemälde der Historienmaler und Skulpturen der vielbeschäftigten Berliner Bildhauer der Wehrwille geweckt.

Da das Zeughaus besser als manche benachbarten Bauten den Krieg überstanden hatte, wurde relativ früh mit seiner Wiederherstellung begonnen, und zwar in seiner ursprünglichen Ge-

Kolorierte Kreidelithographien aus dem »Neuruppiner Bilderbogen« von 1848.

stalt, also auch ohne das Glas über dem Hof. In den fünfziger Jahren waren Teile schon nutzbar. 1965 war alles fertig, und wieder zog ein Museum in den historischen Bau. Das DDR-Museum für deutsche Geschichte war zwar weniger kriegerisch und heldenverherrlichend als das Kaiserliche, aber weniger didaktisch und einseitig war es nicht. Waren vorher die Siege Friedrichs und Moltkes Glanzpunkte gewesen, waren es nun die Klassenkämpfe, die den Besuchern die gewünschte Sicht auf die Geschichte vermitteln sollten. Erst als nach der Wiedervereinigung das Deutsche Historische Museum das Zeughaus mit wechselnden Ausstellungen für einige Jahre, bis zum Beginn neuer Bautätigkeiten, wieder belegte, wurde eine Sicht auf Geschichte möglich, die auch, wo nötig, zwei Seiten einer historischen Medaille zeigt.

Die Generalsanierung des Zeughauses begann im Sommer 1999 und dauerte etwa drei Jahre, während derer auch der leicht und luftig wirkende, aus Stahlträgern und Glas bestehende Anbau von I. M. Pei, das sogenannte Schauhaus, für Wechselausstellungen entstand. Der Architekt Pei entwarf auch die flache Glaskuppel, die künftig, um die Schlüterschen Masken sterbender Krieger vor Witterungseinflüssen zu schützen und dem Museum mehr Ausstellungsfläche zu geben, den Innenhof, wie schon einmal zur Kaiserzeit, überdecken wird. Frisch vergoldet prangt nun auch wieder über der Eingangspforte das Brustbild Friedrichs I., über den eine lateinische Inschrift in barocker Länge und Übertreibung erklärt: »Für die Gerechtigkeit durch Waffen, für die Abschreckung der Feinde, für den Schutz der eignen Völker und der Verbündeten hat Friedrich I., König in Preußen, Vater des Vaterlandes, fromm, erhaben, unbesiegt, dieses Zeughaus, das mit aller Art Kriegsgerät sowie mit Kriegsbeute und Trophäen angefüllt ist, vom Fundament her erbauen lassen 1706.«

Als Ruhmeshalle der preußischen Armee wurde das Zeughaus zu Kaisers Zeiten bezeichnet, zur Hitlerzeit aber wäre es

Oberst i. G. Rudolph Christoph Freiherr von Gersdorff (1905-1980), einer der Hitlergegner, der der Gestapo entgehen konnte.

fast zu einer solchen in anderem Sinne geworden, im Jahre 1943 nämlich, als es von den Verschwörern um den Generalmajor Henning von Tresckow als Ort des Attentats auf Hitler ausersehen worden war.

Am 21. März 1943 wurde der sogenannte Heldengedenktag offiziell im Lichthof des Zeughauses gefeiert, und im Festprogramm war, nach einer kurzen Rede Hitlers, die halbstündige Besichtigung einer Ausstellung von erbeuteten sowjetischen

Waffen geplant. Da die Heeresgruppe Mitte, in der Tresckow erster Generalstabsoffizier war, die Ausstellung gestaltet hatte, war es möglich, einen der Mitverschworenen, den Oberst Rudolph Christoph Freiherrn von Gersdorff, zu Hitlers Begleiter beim Ausstellungsrundgang zu machen. Gersdorff wollte, um den Diktator zu töten, sich selber opfern. Eine am Körper versteckte Sprengladung mit Zeitzünder sollte Hitler mit ihm zusammen zerreißen. Doch als Hitler die Ansprache beendet und Gersdorff den auf zehn Minuten eingestellten Zünder betätigt hatte, eilte Hitler mit schnellen Schritten durch die Ausstellung und verließ zwei Minuten später das Gebäude durch die Seitentür am Kastanienwäldchen, wo er für dort aufgestellte Beutepanzer Interesse zeigte. Gersdorff hatte noch Zeit, die Ladung auf der Toilette unbemerkt zu entschärfen. Wieder war ein Versuch, durch ein Attentat den Krieg zu beenden und Hunderttausenden das Leben zu retten, mißglückt.

Im Jahr darauf, am 20. Juli 1944, wurde bei der Offiziersverschwörung gegen Hitler auch das gegenüberliegende Kommandantenhaus zum Schauplatz dieses ehrenhaften Mißlingens, weil dem Stadtkommandanten, General Paul von Hase, der hier seinen Amtssitz und seine Privatwohnung hatte, bei dem Versuch der Entmachtung der Hitlerherrschaft eine wichtige Rolle zugedacht war. Über ihn, als Befehlshaber der Berliner Garnisonen, liefen die unter dem Decknamen »Walküre« zusammengefaßten Befehle, die nach dem Attentat auf Hitler zur Abriegelung und Besetzung der Machtzentralen führen sollten. Von hier aus setzte am 20. Juli, nachdem Stauffenberg irrtümlich den Tod Hitlers gemeldet hatte, General von Hase die dafür vorgesehenen Truppen des Heeres in Bewegung. Hier, Unter den Linden 1, traf am Nachmittag und am Abend der Mitverschworene von Hase auf seinen Widersacher, den hitlertreuen Kommandeur des Wachbataillons, den Major Remer, der viel zum Scheitern der Verschwörung und der Verhaftung von Hases beitrug. Wenig später wurden hier auch Frau und Kinder des Generals verhaf-

General Paul von Hase (1885-1944), am 20. Juli 1944 Stadtkommandant von Berlin, wurde in Plötzensee hingerichtet.

tet. Er wurde schon am 8. August in Plötzensee hingerichtet. In seine Wohnung im Kommandantenhaus zog nun für kurze Zeit Heinrich Himmler mit seiner Familie ein.

Erfreulicher sind die Erinnerungen, die sich für uns heute mit dem Gebäude auf der anderen Seite der Straße oder besser: des Platzes verbinden, mit der Nummer 3 Unter den Linden, wo am 31. August 1990, mittags 13 Uhr 15, von den Verhandlungsführern der beiden deutschen Staaten, dem Bundesinnenminister Wolfgang Schäuble und dem DDR-Staatssekretär Günther Krause, der Vertrag unterschrieben wurde, mit dem nach mehr als vier Jahrzehnten die Teilung Deutschlands zu Ende ging.

Dieses Gebäude, das wir uns angewöhnt haben Kronprinzenpalais zu nennen, ist in Wahrheit, wie auch manches andere Gebäude in dieser Straße, nur eine Kopie desselben, aber im Äußeren nur. Sein Inneres ist modern gestaltet oder, besser gesagt, so, wie man 1969, als der Neubau fertig wurde, das Moderne verstand. Die Bomben des Zweiten Weltkrieges hatten von dem alten Gebäude und dem baulich mit ihm verbundenen Prinzessinnenpalais nur die Umfassungsmauern übriggelassen; billiger als die Wiederherstellung war die Neuerrichtung gewesen, mit der auch eine neue Benennung verbunden gewesen war. Das Prinzessinnenpalais hatte zwanzig Jahre als Gaststätte gedient und Opern-Café geheißen; und dem Kronprinzenpalais hatte man amtlich den Namen Palais Unter den Linden gegeben und es als Gästehaus des Magistrats von Ost-Berlin genutzt.

Immer war es das Schicksal dieses Hauses gewesen, mit der wechselnden Nutzung sowohl die Gestalt als auch die Benennung zu ändern. Zu Anfang, gegen Ende des 17. Jahrhunderts, war es das Wohnhaus eines Hofbeamten des Großen Kurfürsten gewesen; dann hatte es Friedrich Wilhelm I. 1732 von Philipp Gerlach für den Kronprinzen umbauen lassen, doch hatte Friedrich (II.), der seine letzten Kronprinzenjahre in Ruppin und Rheinsberg verbrachte, sich hier, in der Nähe des gefürchteten Vaters, kaum aufgehalten und das Haus 1742 an den Bruder August Wilhelm übergeben, der als Thronerbe vorgesehen war, aber zu früh starb. Dessen Sohn Friedrich Wilhelm II. bestimmte es dann wieder zum Sitz des Kronprinzen, und dieser, Friedrich Wilhelm (III.), der seine ersten glücklichen Ehejahre mit der geliebten mecklenburgischen Luise hier verleben konnte, war von dem Gerlach-Bau, den man, verglichen mit Schlüters Schloß, als schlicht und bescheiden bezeichnen konnte, so angetan, daß er ihn auch nach seiner Thronbesteigung, 1797, als Berliner Wohnsitz behielt.

Das Kronprinzenpalais, das Friedrich Wilhelm III. bis zu seinem Tode bewohnte. Das obere Bild zeigt es so, wie es 1733 von Philipp Gerlach erbaut wurde und Heinrich Heine es 1822 sah. 1858 wurde es von Johann Heinrich Strack aufgestockt und erweitert und nach seiner Zerstörung im Kriege 1969 in dieser seiner äußeren Form wieder aufgebaut. Das untere Photo von etwa 1978 läßt links das Außenministerium der DDR erkennen, das glücklicherweise bald nach der Wiedervereinigung abgerissen wurde.

Schon als Sechzehnjähriger, 1786, war Friedrich Wilhelm, der seine Kindheit vorwiegend in Potsdam verbracht hatte, mit dem Grafen Brühl, seinem letzten Erzieher, zusammen in diese seine Berliner Wohnung gezogen, in der er 1840 auch sterben sollte. Ihm stand das Hochparterre zur Verfügung; im Obergeschoß wohnte Graf Brühl mit seiner Frau, die aus England stammte und trotz ihrer bürgerlichen Herkunft am Hof eine bedeutende Rolle spielte, und seinen Töchtern Marie und Franziska, die durch die Männer, die sie heirateten, in die preußische Geschichte der Reformzeit eingingen. Franziska, genannt Fanny, wurde die heißgeliebte und nach ihrem frühen Tod nie vergessene Frau des Reformgegners und späteren Generals von der Marwitz aus Friedersdorf, wo man noch heute ihr Grab findet; und Marie lebte mit dem Reformer und Militärtheoretiker von Clausewitz in glücklicher Ehe und gab als Witwe aus seinem Nachlaß das weltberühmte Werk »Vom Kriege« heraus.

Nach der zu Weihnachten 1793 erfolgten Hochzeit des Kronprinzen mit der von ihm und dem Volk so sehr geliebten Luise stand dem Ehepaar das ganze Palais zur Verfügung, und als die sieben – von zehn – Königskinder, die das damals gefährliche Säuglingsalter überlebt hatten, heranwuchsen, wurde auch das 1733 erbaute Nachbargebäude, in dem Luises Schwester Friederike zwei unglückliche Ehejahre mit dem jüngeren Bruder des Kronprinzen verbracht hatte, durch einen Erweiterungsbau hin zur Straße und einen Schwibbogendurchgang von Heinrich Gentz baulich mit einbezogen. Doch wurde der Bau erst in Luises Todesjahr, 1810, fertig. Da später hier Luises Töchter Charlotte, Alexandrine und Luise bis zu ihrer Verheiratung lebten, wird das Haus, das heute die Nummer 5 trägt, noch immer Prinzessinnenpalais genannt.

Mit gutem Grund also wird Heinrich Heine bei seinem Linden-Spaziergang 1822 das kronprinzliche Palais als das königliche bezeichnen, Reiseführer von etwa 1890 werden das Gebäude das Palais der Kaiserin Friedrich nennen und damit die Witwe

Illustration von Waldemar Friedrich aus dem weitverbreiteten Bilderbuch von 1896: »Die Königin Luise in 50 Bildern für Jung und Alt«.

Friedrichs III., die in Deutschland nie glücklich gewordene englische Prinzessin Victoria, meinen; und zwischen 1919 und 1937 wird von dem gleichen, aber nun nicht mehr den Hohenzollern gehörenden Gebäude als von einer Nebenstelle der Nationalgalerie, in der die Kunst der Moderne gezeigt wird, die Rede sein.

Freilich hatte sich das Aussehen der kronprinzlich-königlichen Behausung auf dem Wege Preußens zum Kaiserreich, der auch einer von der Bescheidenheit zur Geltungssucht war, sehr verändert. So wie man später am Ursprung der Linden an die Stelle des alten Doms von Boumann und Schinkel das auftrumpfende Ungetüm von Raschdorff gesetzt hatte, so mußte auch das Kronprinzenpalais durch einen Umbau von Johann Heinrich Strack sein Walmdach verlieren und um ein Stockwerk erhöht sowie um einen Seitentrakt vergrößert werden. Und da der Nachbau von 1969 sich nach dieser letzten Fassung richtete, ist

Heines anerkennende Feststellung, daß der König, also Friedrich Wilhelm III., sich das schlichteste der Gebäude als Wohnung gewählt hätte, ohne Kenntnis der Baugeschichte heute nicht zu verstehen.

Erstaunlicherweise hat der sonst so spöttische junge Dichter über den König, der so »einfach und bürgerlich« wohnt, nur Gutes zu vermelden, und man hat nicht den Eindruck, daß er es nur der Zensur wegen sagt. Er sieht ihn (»Hut ab!«) über die Linden in den Tiergarten fahren, nicht in dem »prächtigen Sechsspänner, der gehört einem Gesandten, nein, er sitzt in dem schlechten Wagen mit zwei ordinären Pferden«, gehüllt in einen grauen Regenmantel, auf dem Kopf trägt er eine gewöhnliche Offiziersmütze. Freundlich erwidert er die Grüße der Passanten, die ihm nur Schmeichelhaftes nachzusagen haben. Ein schöner Mann sei er, meint eine reizende Blondine; der seligen Luise sei er ein guter Ehemann gewesen, rühmt eine Matrone; und ein Offizier schreit dazwischen, er sei der beste Reiter der Armee.

Die unvergessene Königin Luise, die in diesem Hause sowohl den Nachfolger ihres Mannes, Friedrich Wilhelm IV., als auch dessen Bruder Wilhelm, den ersten Kaiser, geboren und aufgezogen hatte, war, als Heine hier spazierte, schon zwölf Jahre tot. Am 22. Dezember 1793 war sie, an der Seite ihrer nicht weniger schönen jüngeren Schwester Friederike, als Braut des Kronprinzen feierlich in Berlin eingezogen, natürlich die Linden entlang. An deren Einmündung in das Friedrich-Forum, also genau dort, wo seit 1851 Rauchs Friedrich der Große reitet, hatte man eine Ehrenpforte errichtet, sozusagen als Eingangstor zum Schloßbezirk. Dreißig Knaben der französischen Kolonie in grünen Gewändern und vierundvierzig weißgekleidete Bürgermädchen mit Blumenkränzen im Haar standen hier zur Begrüßung bereit. Eine von ihnen mußte ein langes Gedicht deklamieren, und als sie mit der Strophe endete

»Vergiß, was Du verlorst, es soll ein schönres Leben
Dir dieser Festtag prophezeihn.

Heil Dir! Der künftigen Welt wirst Du Monarchen geben,
Beglückter Enkel Mutter sein!« –

da beugte sich die siebzehnjährige Gefeierte zu dem Kinde hinunter, umarmte es, küßte es und antwortete auf den Aufschrei der Oberhofmeisterin: »Beim Himmel, das ist ja gegen jede Etikette«, mit der, ihre Warmherzigkeit beweisenden Gegenfrage: »Wie? Darf ich das jetzt nicht mehr?«

Daß diese wieder und wieder erzählte und ausgeschmückte Anekdote, in der die Gefühle über starre Regeln triumphieren, vor der Kulisse des Friedrich-Forums stattfindet, erhöht ihre Bedeutung. Die schöne, empfindsame Braut, die zur liebevollen, treuen Gattin und fürsorglichen Mutter wird, also bürgerliche Tugenden auf dem Thron vorlebt und vom Geist der Weimarer Dichter erfüllt ist, signalisiert die Überwindung des friderizianischen Preußen; sie kündigt sozusagen die Reformzeit schon an.

Der schöne Platz

Der Plan zum Forum Fridericianum, dessen Hauptgebäude die Oper, die Akademie und ein Palast des Königs sein sollten, war schon in der Kronprinzenzeit Friedrichs in Rheinsberg entstanden, so daß bald nach seiner Thronbesteigung mit dem Bau des Opernhauses begonnen werden konnte. Doch war dem ursprünglichen Plan eine vollständige Ausführung nicht beschieden, was aber Schuld des Königs, nicht die seines Baumeisters war.

Georg Wenzeslaus von Knobelsdorff, ein neumärkischer Adliger aus der Gegend von Crossen, der als dreißigjähriger Hauptmann den Armeedienst aus gesundheitlichen Gründen beendet und sich der Kunst zugewandt hatte, war schon seit 1732 mit dem Kronprinzen Friedrich befreundet. Dieser ermöglichte ihm Studienreisen nach Italien und Frankreich, ließ Schloß Rheinsberg von ihm umbauen und machte ihn 1740 zum Leiter der Schlösser und Gärten. Während der junge König in Europa Aufsehen erregte, weil er die Folter abschaffte, die Religionsfreiheit verkündete und Schlesien raubte, begann Knobelsdorff mit dem Bau eines seiner Meisterwerke, der Berliner Oper, die 1742, obwohl äußerlich noch unfertig, schon eingeweiht wurde und seitdem, besonders in den Karnevalswochen, in denen sie auch als Ballsaal benutzt wurde, ein Zentrum des geselligen Lebens war.

Mit ihr wurde Unter den Linden die Schließung der Baulücke begonnen, die, der Festungsanlagen des Großen Kurfürsten

Der Offizier, Architekt und Maler Georg Wenzeslaus Baron von Knobelsdorff auf einem Gemälde des Dresdner Hofmalers Adam Manyoki.

wegen, zwischen dem Kronprinzenpalais und dem Zeughaus auf dem östlichen Ende und den Wohnhäusern in westlicher Richtung bestand. Nun wurde der Festungswall abgetragen und auf der Südseite der Linden die Oper errichtet, der, als Gegenstück auf der Nordseite, der königliche Palast folgen sollte, während für den Platz westlich der Oper das Gebäude der Akademie als Begrenzung vorgesehen war. Da aber Friedrich nach den beiden schlesischen Kriegen vorwiegend in Potsdam lebte, Knobelsdorff mit dem Bau von Sanssouci beauftragte, ihn dann aber wegen Meinungsverschiedenheiten von seinem Posten verjagte und den Ausbau Berlins, auch der schlechten Finanzlage wegen, vernachlässigte, zog sich die Vollendung des Forums, unter Mißachtung der Knobelsdorffschen Absichten, noch jahrzehntelang hin. An Stelle des königlichen Palastes entstand das Palais des Prinzen Heinrich, das 1810 der Universität überlassen wurde. Die rechteckige Form des Platzes wurde durch den Standort der katholischen St.-Hedwigs-Kirche, die man aus praktischen Gründen auf die Fundamente einer alten Bastion gesetzt hatte, entscheidend verändert. Und statt des Akademiegebäudes entstand in den letzten Lebensjahren Friedrichs die von den Berlinern Kommode genannte Königliche Bibliothek.

Als Friedrich Nicolai 1786, im Todesjahr Friedrichs, seine »Beschreibung der Residenzstädte Berlin und Potsdam« verfaßte, bezeichnete er das Forum als »einen der schönsten Plätze der Welt« und begründete dieses Urteil mit der erfreulichen Vielgestaltigkeit der Gebäude, die man freilich auch als Mangel empfinden kann. Denn mit der frühklassizistischen Strenge von Knobelsdorffs Oper harmoniert eigentlich nur das Universitätsgebäude, bei dem der ältere Boumann wahrscheinlich Knobelsdorffs Entwürfe für den Königspalast berücksichtigt hat. Die Hedwigskirche dagegen ist dem römischen Pantheon nachempfunden, und der Kommode mit ihrer barock geschwungenen Fassade liegt ein Entwurf von Fischer von Erlach zugrunde, der eigentlich für die Wiener Hofburg gedacht war.

Der Opernplatz, dessen amtliche Benennung nach Kaiser Franz Joseph sich früher so wenig hatte durchsetzen können wie heute die nach August Bebel, war 1895 in einen Park mit Rasen und Büschen verwandelt worden, in dessen Mitte auf einem thronähnlichen Sessel die marmorne Kaiserin Augusta von Fritz Schaper gesessen hatte. Zu DDR-Zeiten durfte der historische Platz zum Abstellen von Autos benutzt werden. Heute aber ziert ihn eine sensibel dem Ort angepaßte Gedenkstätte, der wohltuenderweise der großmannssüchtige Prestigeeifer, dem die Holocaust-Gedenkstätte in den Ministergärten nicht gigantisch

Das Marmordenkmal der Kaiserin Augusta von Fritz Schaper auf dem Opernplatz, das 1895 eingeweiht wurde. Rechts im Bild ein Flügel der Kommode genannten Königlichen Bibliothek.

genug sein konnte, völlig fehlt. Ohne jede pompöse Geste weist sie anrührend und nachdenklich machend auf die historische Stätte, an der die Schandtat geschah.

In der Mitte des neugepflasterten Platzes ist von dem Künstler Micha Ullmann eine begehbare Glasplatte in den Boden eingelassen worden, durch die man in einen fünf Meter tiefen Bibliotheksraum blickt. Dessen trostlos-leere Regale erinnern an die etwa 20 000 Bücher, die an dieser Stelle vor den Augen einer jubelnden Menge verbrannt wurden, wenige Wochen nachdem Hitler Reichskanzler geworden war.

Im April 1933 war die vom NS-Studentenbund initiierte »Aktion wider den undeutschen Geist« nach einem zentralen Plan in allen Universitätsstädten angelaufen. Durch Plakate und Flugblätter wurden zwölf Thesen verbreitet, die die »Reinheit von Sprache und Schrifttum« verlangten, die »Überwindung des jüdischen Intellektualismus und der damit verbundenen liberalen Verfallserscheinungen im deutschen Geistesleben« forderten und nach einer Zensur riefen, die in Wahrheit schon tätig war.

Anfang Mai folgten den »Aufklärungsaktionen« die »Sammelaktionen«, die in Berlin mit der Plünderung des Instituts für Sexualwissenschaften durch Sportstudenten begannen. Mit einem Lastwagen, dessen Seitenwände die Aufschrift »Trutz dem undeutschen Schmutz und Schund« trugen, fuhr man vor das von Magnus Hirschfeld 1919 gegründete Institut für Sexualwissenschaft im Tiergarten, In den Zelten 10, stürmte auf ein Trompetensignal hinein, schleppte fünfzehn Zentner Bücher und Zeitschriften der weltweit bekannten Fachbibliothek hinaus und fuhr sie in das Studentenhaus in der Oranienburger Straße 18, wo sich die zur Vernichtung bestimmten Bücher schon häuften. Denn auch in den damals zahlreichen privaten Leihbüchereien hatte der Bücherraub bereits begonnen. Am 5. Mai war den Ladenbesitzern eine Liste auszusondernder Literatur zugestellt worden, und schon am 6. und 7. Mai waren Studenten oder SA-Kommandos erschienen und hatten die Bücher unter Drohge-

Wider den undeutschen Geist!

1. Sprache und Schrifttum wurzeln im Volke. Das deutsche Volk trägt die Verantwortung dafür, daß seine Sprache und sein Schrifttum reiner und unverfälschter Ausdruck seines Volkstums sind.
2. Es klafft heute ein Widerspruch zwischen Schrifttum und deutschem Volkstum. Dieser Zustand ist eine Schmach.
3. Reinheit von Sprache und Schrifttum liegt an **Dir**! Dein Volk hat **Dir** die Sprache zur treuen Bewahrung übergeben.
4. **Unser gefährlichster Widersacher ist der Jude, und der, der ihm hörig ist.**
5. Der Jude kann nur jüdisch denken. Schreibt er deutsch, dann **lügt** er. Der Deutsche, der deutsch schreibt, aber undeutsch denkt, ist ein **Verräter**! Der Student, der undeutsch spricht und schreibt, ist außerdem **gedankenlos** und wird seiner Aufgabe untreu.
6. **Wir wollen die Lüge ausmerzen, wir wollen den Verrat brandmarken, wir wollen für den Studenten nicht Stätten der Gedankenlosigkeit, sondern der Zucht und der politischen Erziehung.**
7. Wir wollen den Juden **als Fremdling** achten, und wir wollen das Volkstum ernst nehmen.
   Wir fordern deshalb von der Zensur:
   Jüdische Werke erscheinen in hebräischer Sprache. Erscheinen sie in Deutsch, sind sie als Uebersetzung zu kennzeichnen.
   Schärfstes Einschreiten gegen den Mißbrauch der deutschen Schrift. Deutsche Schrift steht nur Deutschen zur Verfügung.
   Der undeutsche Geist wird aus öffentlichen Büchereien ausgemerzt.
8. **Wir fordern** vom deutschen Studenten Wille und Fähigkeit zur selbständigen Erkenntnis und Entscheidung.
9. **Wir fordern** vom deutschen Studenten den Willen und die Fähigkeit zur Reinerhaltung der deutschen Sprache.
10. **Wir fordern** vom deutschen Studenten den Willen und die Fähigkeit zur Ueberwindung des jüdischen Intellektualismus und der damit verbundenen liberalen Verfallserscheinungen im deutschen Geistesleben.
11. **Wir fordern die Auslese von Studenten und Professoren nach der Sicherheit des Denkens im deutschen Geiste.**
12. **Wir fordern die deutsche Hochschule als Hort des deutschen Volkstums und als Kampfstätte aus der Kraft des deutschen Geistes.**

Die Deutsche Studentenschaft.

Flugblatt des NS-Studentenbundes, das 1933 zur Bücherverbrennung verbreitet wurde.

bärden abgeholt. Papiermühlen hatten der zu erwartenden guten Geschäfte wegen die Lastwagen geliehen, und ihre Kalkulation hatte sich als richtig erwiesen; denn nachdem die Bücherberge von Wissenschaftlern aller Fakultäten nach besonders wertvollen Exemplaren durchwühlt worden waren, wurde die Masse der Bücher tatsächlich, für fünfzig Pfennige pro Zentner, eingestampft. Für die öffentliche Verbrennungsaktion wurde so viel Papier nicht gebraucht.

In den Öffentlichen Bibliotheken waren die Buchvernichter schon Wochen vorher am Werk gewesen. Eine Kommission hatte mit schwarzen Listen den Auftakt zu der Verbots- und Vernichtungspraxis gegeben. Nach einer chaotischen Übergangsphase steigerte sie sich ab 1935 mit ständig ergänzten Listen des »schädlichen und unerwünschten Schrifttums« zu bürokratischer Perfektion.

Die öffentlich bekanntgemachte Aktion am 10. Mai begann im Auditorium Maximum der Universität. Der von der Technischen Hochschule in Dresden aus politischen Gründen nach Berlin berufene Professor Alfred Baeumler, für den man den neuen Lehrstuhl für »Politische Pädagogik« geschaffen hatte, hielt seine Antrittsvorlesung über das Thema Hochschule und Staat. Viele Studenten waren in SA-Uniformen erschienen. Drei von ihnen umrahmten das Pult und trugen Fahnen mit dem Hakenkreuz, das, wie der Redner sagte, mehr bedeute als der Geist und das Wort. Fichte und Hegel, auf deren Lehrstuhl er nun zu sitzen meinte, bezeugte er seine Verehrung, doch seien ihre Wege nicht seine Wege, weil sie nur einer Idee gefolgt seien, er aber Hitler folge, der durch Realität mehr sei als jede Idee. Das Erziehungsziel seiner Vorläufer sei Humanität gewesen, während er auf das »Soldatentum als Lebensform« ziele. »Wir sind nicht human.«

Um das, nach Baeumler, »träufelnde Gift« der Humanität und des Pazifismus zu vernichten, marschierten am Abend bei strömendem Regen die Studenten zur Bücherverbrennung aus.

Vorlesung des Professors Dr. Alfred Baeumler, Ordinarius für Politische Pädagogik an der Friedrich-Wilhelm-Universität am 10. Mai 1933 als Auftakt zu den Aktionen, die am Abend mit der Bücherverbrennung auf dem Opernplatz endeten.

Der Fackelzug, der die Wagen mit den zur Vernichtung bestimmten Werken begleitete, formierte sich in der Oranienburger Straße, wendete sich erst nach Westen und zog dann durch das Brandenburger Tor in die Straße Unter den Linden ein. Auf dem Opernplatz, wo eine SA-Kapelle spielte und Scheinwerfer ein Rednerpult anstrahlten, war aus meterlangen Scheiten ein Holzstoß errichtet worden, den Polizisten gegen eine Menschenmenge schützten, die beim Eintreffen des Zuges in Jubel ausbrach. Studenten in SA-Uniformen oder im Wichs der Korporationen marschierten am Scheiterhaufen vorbei und warfen die Fackeln hinein. Neun Begründungen der Vernichtung, Feuersprüche genannt, wurden verlesen. Namen wurden nur sparsam genannt, insgesamt fünfzehn, Erich Kästner darunter, der in der Menge unerkannt anwesend war. »Gegen Dekadenz und moralischen Verfall! Für Zucht und Sitte in Familie und Staat! Ich übergebe den Flammen die Schriften von Heinrich Mann, Ernst Glaeser und Erich Kästner.« – »Gegen literarischen Verrat am Soldaten des Weltkrieges! Für Erziehung des Volkes im Geist der Wehrhaftigkeit! Ich übergebe den Flammen die Bücher von Erich Maria Remarque.«

Goebbels, der am nächsten Tag in sein Tagebuch schrieb, er sei am Scheiterhaufen in »bester Form« gewesen, trat erst kurz vor Mitternacht auf. Er erschien in Zivil, redete die Zuhörer mit »Meine Kommilitonen« an, sagte: »Wir geistigen Menschen«, erklärte das »Zeitalter eines überspitzten jüdischen Intellektualismus« für beendet und kündete den neuen Menschen an, der »die Furcht vor dem Tode verlernt«. Nach Heil-Rufen und dem obligatorischen Fahnenlied gingen die Mitwirkenden und die Zuschauer nach Hause – um sich nach einem Dutzend und mehr Jahren, falls sie die dem Autodafé folgenden Eroberungs- und Mordzüge überlebt hatten, als Gewandelte hier wiederzufinden, um in einem Staat, der zwar keine Bücherverbrennungen, wohl aber Bücherverbote kannte, den 10. Mai als Tag des freien Buches zu feiern und dabei auch wieder zu hören, daß man Fichte, Hegel und Schleiermacher, die an der Universität gegenüber gelehrt hatten, wohl respektiere, aber wiederum andere Wege ginge, zu denen auch wieder Überwindung und Reinigung und Ausmerzung nötig waren.

Die angebliche Bindung der Nationalsozialisten an preußische Traditionen, die Hitler im März in Potsdam geheuchelt hatte, war im Mai durch die Bücherverbrennung schon widerlegt worden; denn solche Zurschaustellung intoleranter Kunst-

Die St.-Hedwigs-Kathedrale vor der Zerstörung.

und Wissenschaftsfeindlichkeit war unpreußisch und wirkte auf einem Platz, der von der Oper, der Bibliothek und der katholischen Hedwigskirche umstanden wurde, wie eine Verhöhnung preußischer Kunstliebe, Wissenschaftsförderung und Toleranz.

Daß die Hedwigskirche, als erste Berliner katholische Pfarrkirche, an so prominenter Stelle der Residenz des protestantischen Preußen errichtet wurde, kann durchaus als Zeichen friderizianischer Toleranz betrachtet werden; es war aber natürlich auch ein Ausdruck politischer Vernunft.

Noch unter dem Großen Kurfürsten war die Ablehnung alles Katholischen stark gewesen. So war zum Beispiel nach der Bekanntgabe des Edikts von Potsdam, das die Einwanderung der aus Frankreich vertriebenen Hugenotten förderte, verfügt worden, daß die vom Staat gewährten Privilegien nur den Franzosen reformierten Glaubens zugute kamen, nicht aber jenen, »so der Römisch Katholischen Religion zugethan« waren. Auch unter den ersten beiden preußischen Königen war die Religionsausübung für die wenigen Katholiken noch schwierig. Doch mehrte sich der katholische Bevölkerungsanteil im Laufe der Jahre, besonders unter jenen Soldaten, die außerhalb Preußens angeworben worden waren, so daß der Soldatenkönig ab 1731 Dominikanerpatres aus Halberstadt in den Garnisonen Seelsorgedienst tun ließ. Nach Friedrichs Thronbesteigung und seiner Eroberung Schlesiens aber wurden viele Katholiken zu Preußen, was sich bald auch in Berlin auswirkte, so daß der König schon 1746 den Bau der Pfarrkirche genehmigte, die den Namen der Schutzpatronin Schlesiens, der heiligen Hedwig, erhielt. Obwohl das katholische Berlin im Laufe des 19. Jahrhunderts besonders durch Zuzug aus Schlesien, dem Ermland und Polen immer mehr erstarkte, gehörte es noch lange zur Diözese Breslau, bis es 1930 einen eigenen Bischof erhielt. Die Pfarrkirche St. Hedwig wurde nun zur Kathedrale, und in der Behrenstraße wurde als Sitz des Ordinariats das Haus erworben, in dem einst Moltke mit dem Generalstab gesessen hatte. Mit der Zentrumspartei, die als Gegner der rechten und linken Extremisten die Republik stützte, war die Kirche auch in der Politik wirksam, doch mündete ihre Auseinandersetzung mit den Nationalsozialisten in den Kompromiß des Konkordats. Als Preis für die Garantien, die Hitler nicht einzuhalten gedachte, verzichtete sie auf ihren politischen Einfluß und hielt das für einen zu feiernden Sieg.

Im September 1933, wenige Monate nach der Bücherverbrennung, wurde der Abschluß des Konkordats in der Kathedrale und auf dem Opernplatz festlich begangen. »An hohen Masten wehen vor der St.-Hedwigs-Kathedrale die Fahnen des Papstes

Dompropst Bernhard Lichtenberg (1875-1943).

und des Reiches«, so schrieb das »Katholische Kirchenblatt für das Bistum Berlin«. – »Vom Lustgarten her über die Straße Unter den Linden ziehen mit ihren Wimpeln und Bannern die katholischen Jugendorganisationen auf den Kaiser-Franz-Joseph-Platz. Von der Niederwallstraße her kommen die Fahnenabordnungen der katholischen Männer- und Frauenvereine. Mit einer Musikkapelle rückt ein starker Zug SA mit Nationalfahnen an und eine starke Abordnung der BVG. Das katholische Berlin feiert in Dankbarkeit die Ratifikation des Konkordats, des Staatsvertrages zwischen Kirche und Deutschem Reich ... Um den Altar stehen die Fahnen des Reiches, der katholischen Studentenkorporationen, die Bundesbanner der katholischen Jugend. In den vorderen Reihen sitzen die Ehrengäste, Herren von der SA, der SS, der NSDAP ... Klar und weittragend lassen die Lautsprecher das Kyrie und Gloria des Hochamtes für die Tausenden außerhalb des Gotteshauses ertönen ... Nach dem Gottesdient spricht Herr Kapitelsvikar Dr. Steinmann zum ersten Mal das Gebet für das deutsche Reich und seine Führer.«

Knapp ein Jahr später wurde der Vorsitzende der Katholischen Aktion Berlin, Erich Klausener, von einem Mordkommando Hitlers in seiner Wohnung erschossen. Geistliche von St. Hedwig gerieten in das Visier der Gestapo, besonders der Dompfarrer, später Dompropst, Bernhard Lichtenberg, der 1934 gegen Mißhandlungen in Konzentrationslagern protestierte, jüdische Mitbürger unterstützte, nach der Pogromnacht 1938 im täglichen Abendgebet in St. Hedwig für die Verfolgten und Verschleppten öffentlich betete – bis er 1941 verhaftet wurde, zwei Jahre im Gefängnis Tegel verbrachte und auf dem Transport ins Konzentrationslager starb. Seine Beisetzung auf dem Friedhof in der Liesenstraße wurde durch die Beteiligung von etwa viertausend Menschen zu einer Demonstration des Widerstandswillens. 1965 wurden die Gebeine des später seliggesprochenen Märtyrers in die Krypta der St.-Hedwigs-Kathedrale überführt.

Der Jungfernkranz

In der lustigsten Passage seiner Berlin-Plaudereien gerät der junge Heinrich Heine durch eine Opernarie in komische Verzweiflung, weil diese nämlich von jedermann an jedem Ort zu jeder Tageszeit gesungen, geträllert oder gepfiffen wird. Barbiere und Offiziere, Dienstmädchen und die Damen besserer Kreise haben ständig Carl Maria von Webers »Wir winden dir den Jungfernkranz« aus dem »Freischütz« auf den Lippen und beweisen damit, daß die Oper, die zu Zeiten Friedrichs des Großen nur von Eingeladenen der Hofgesellschaft besucht werden konnte, inzwischen für jeden, der die Eintrittskarte bezahlen konnte, zugänglich war. Im biedermeierlichen Berlin von 1822, wo, wie auch Heine bemerkte, beim Bau der neuen Schloßbrücke schon Dampfmaschinen eingesetzt wurden, waren die Privilegien des Adels, auch was den Kunstgenuß anbetrifft, schon zerbröckelt, und da die beginnende Verbürgerlichung einherging mit einer Bewußtwerdung des Nationalen, war es, seit einer Generation schon, auch mit der Vorherrschaft der italienischen Oper vorbei.

Der Siegeszug der deutschen Oper, den Namen wie Mozart, Gluck und Beethoven markieren, war in Berlin nicht mit dem Opernhaus Unter den Linden verbunden, das man lange noch die Italienische Oper nannte, sondern mit dem Theater auf dem Gendarmenmarkt. Eine früher hier schon spielende private Bühne war unter Friedrich Wilhelm II. zum Königlichen Nationaltheater geworden, in dem dann auch mit E.T.A. Hoffmanns

»Undine« (nach deren Uraufführung, 1817, das Haus abbrannte) und Webers »Freischütz«, 1821 (schon im neuen, von Schinkel gebauten Theater), die romantische Oper Triumphe feierte und populärer wurde als jede andere zuvor.

Heine konnte in seinem Berlin-Jahr den Kampf der Komponisten Spontini, an der Linden-Oper, und Weber, am Nationaltheater, um die Gunst der Berliner erleben; und seiner um Gerechtigkeit bemühten Schilderung dieses Konkurrenzverhältnisses ist zu entnehmen, daß Knobelsdorffs Haus mit dem Italiener an der Spitze noch immer das vom Hof bevorzugte war.

Es war auch das Haus, in dem schon zu Zeiten Friedrichs des Großen die winterlichen Vergnügungen des Hofes im Opernball gegipfelt hatten, weshalb man eine Mechanik eingebaut hatte, durch die man Parkett und Bühne in eine Ebene bringen und so den Zuschauerraum zum Ballsaal umwandeln konnte. Heine gestand, daß er den Opernball, der inzwischen kein reines Aristokratenvergnügen mehr war, sehr genoß. Neben Adligen, Hofbeamten und Diplomaten war jetzt jeder Zahlende zugelassen. Und für die Minderbemittelten gab es auf den Galerien Zuschauerplätze, so wie es noch heute bei den kostspieligen Presseböllen billigere Flanierkarten für jene, die keine Plätze beanspruchen, gibt.

»Jeder muß hier in einem Maskenanzuge erscheinen«, erzählt Heinrich Heine, »und niemandem ist es erlaubt, unten im großen Tanzsaale die Maske vom Gesicht zu nehmen. Nur in den Gängen und in den Logen des ersten und zweiten Ranges darf man die Larve ablegen. Die niedre Volksklasse bezahlt ein kleines Entree und kann von der Galerie aus auf all diese Herrlichkeit herabschauen. In der großen königlichen Loge sieht man den Hof, größtenteils unmaskiert; dann und wann steigen Glieder desselben in den Saal hinunter und mischen sich in die rauschende Maskenmenge. Diese besteht aus Menschen von allen Ständen. Schwer ist hier zu entscheiden, ob der Kerl ein Graf oder ein Schneidergesell ist ... Aber was ist daran gelegen, wer

Figurinen für Samiel und Caspar aus der romantischen Oper »Der Freischütz« von Carl Maria von Weber. Kolorierte Radierung von Heinrich Stürmer, 1821.

unter der Maske steckt? Man will sich freuen, und zur Freude bedarf man Menschen. Und Mensch ist man erst recht auf dem Maskenballe, wo die wächserne Larve die gewöhnliche Fleischlarve bedeckt, wo das schlichte Du die urgesellschaftliche Vertraulichkeit herstellt, wo ein alle Ansprüche verhüllender Domino die schönste Gleichheit hervorbringt und wo die schönste Freiheit herrscht – Maskenfreiheit.« In dem Lärm der Trompe-

Carl Maria von Weber, umrahmt von Szenen aus dem »Freischütz«. Kolorierter Stahlstich von A. H. Payne, 1838.

ten, Pauken, Flöten und Geigen findet er die »höchste Ergötzlichkeit«, auch wenn »Priesterinnen der ordinären Venus«, die »Erwerbsintrigen anknüpfen« wollen, ihm »Ich kenne dir!« zuflüstern oder ein urteutonischer Jüngling ihm das Französischsprechen auf »der teutschen Mummerei« verbieten will. Das gibt ihm dann Gelegenheit zu bekennen, daß er zwar Deutschland und die Deutschen liebe, aber die übrigen Völker der Erde nicht

Gasparo Spontini, der von 1820 bis 1841 Erster Generalmusikdirektor der Königlichen Oper war. Lithographie von H. List.

minder, und sich deshalb auch höher schätze als jene, die »im Sumpfe der Nationalselbstsucht« versunken sind.

Deutschtümler sind ihm sicher auch auf der anderen Seite der Linden begegnet, im Palais des Prinzen Heinrich, das seit zwölf Jahren die Universität beherbergte. Aber von seinen Studien berichtet er wenig. Man erfährt lediglich, daß man die Burschenschaften aufgelöst, Studenten aus politischen Gründen relegiert

Das Königliche Opernhaus in einem Stahlstich des Baumeisters und Malers Johann Georg Finck, eines Mitarbeiters Knobelsdorffs, von 1743. Auf der linken Seite des noch unvollendeten Friedrich-Forums liegt der Bauplatz für das Prinz-Heinrich-Palais, die spätere Universität, dahinter das Zeughaus.

und revolutionäre Polen ausgewiesen habe, daß die Hörsäle eng, düster und unfreundlich seien und man aus ihren Fenstern zum Opernhaus hinsehen könne, so daß »die armen Burschen wie auf glühenden Kohlen sitzen«, wenn ihr Blick, während ein trockener Dozent sie mit juristischen Regeln langweile, auf die bunte Menge der zum Opernhaus eilenden Damen, Soldaten und Equipagen treffe.

Diesen Qualen scheint Heinrich Heine sich nur selten ausgesetzt zu haben. In den Berlin-Plaudereien ist über Hegel, Savigny, Schleiermacher und andere Koryphäen, denen er hätte zuhören können, Näheres nicht zu erfahren. Und wenn er auch die Theater, Ballsäle und Salons fleißig besuchte, so hat er doch möglicherweise die Königliche Bibliothek, die Kommode, nicht von innen gesehen.

Daß er aber von Hegel zumindest wußte, zeigt ein Gedicht

Die Lithographie von Julius Schoppe zeigt Berliner Gelehrte um 1830. Vorn in der Mitte Wilhelm von Humboldt, über ihm von links nach rechts Christoph Wilhelm Hufeland, Carl Ritter, Alexander von Humboldt, in der oberen Reihe links Johann August Wilhelm Neander, in der Mitte Georg Wilhelm Friedrich Hegel und rechts Ernst Daniel Schleiermacher.

aus jenen Tagen, in dem er eine Berlinerin namens Friederike von ihrer Heimatstadt Abschied zu nehmen bittet, um mit ihm zusammen im Sonnenland Indien ihr Glück zu finden. Und zur Charakterisierung Berlins dient ihm dabei, wie jedem Zugereisten, natürlich der märkische Sand.

»Verlaß Berlin, mit seinem dicken Sande
Und dünnem Tee und überwitz'gen Leuten,
Die Gott und Welt und was sie selbst bedeuten,
Begriffen längst mit Hegelschem Verstande.«

Von der Königlichen, vorher Kurfürstlichen, Bibliothek, die schon 1661 vom Großen Kurfürsten der gelehrten Öffentlichkeit in einem Flügel des Stadtschlosses zugänglich gemacht worden war und unter Friedrich dem Großen die Kommode als eigenes Gebäude erhalten hatte, ist auch in späteren Schilderungen Berlins selten die Rede, was wohl in erster Linie an dem Unspektakulären einer solchen gelehrten, auf stilles Wirken bedachten Stätte liegt. Auch Jules Laforgue, ein Franzose, der von 1881 bis 1886 als Vorleser der Kaiserin Augusta in der Residenz lebte, ähnlich launig wie Heine, in dessen Alter er auch war, schreiben konnte und ein offenes Auge für alles ihm Merkwürdige hatte, erwähnt die Bibliothek nur am Rande, wenn er in einem von Irrtümern nicht freien Kapitel das Leben und Treiben auf der Straße Unter den Linden beschreibt.

Deren Bebauung findet er grau, kalt und gleichförmig, desto bunter aber die Menschen, die sich, gehend, reitend oder fahrend, unter den Bäumen bewegen. In den zwei Reihen von Linden, die die Mittelpromenade flankieren, glaubt er noch die aus kurfürstlichen Zeiten sehen zu können; die beiden äußeren Lindenreihen aber waren kürzlich, vermutlich durch die »Ungeniertheit der nächtlichen Passanten«, eingegangen und durch junge Bäumchen ersetzt worden. Am Morgen ist die Straße belebt von eilenden Arbeitern und Angestellten. Die Wagen höherer Beamter halten später vor ihren Dienststellen. Studenten spazieren in den Anlagen vor der Universität auf und ab, ehe sie nach dem akademischen Viertel hineingehen. Am Mittag beginnt die Garde auf die Sekunde pünktlich mit dem Aufzug der Wache. Danach wird es für ein, zwei Stunden still Unter den Linden, und nur einige Fremde schlendern umher und sammeln

Der 1782 entstandene Stich von Johann Daniel Schleuen zeigt die Königliche Bibliothek auf dem Opernplatz.

sich um das Friedrichs-Denkmal. Der Nachmittag aber gehört den Bummlern, den Müßiggängern, den Frauen und Mädchen aus allen Ständen, den Offizieren, die nach Weiblichem Ausschau halten, den biederen Hausvätern, den Studenten, den Kindermädchen und drallen Spreewaldammen in ihren auffälligen Trachten. Das greise Kaiserpaar läßt sich in einem schlichten Wagen in den Tiergarten fahren. Feldmarschall Moltke, mit dem gelben Gesicht einer Mumie, macht einen einsamen Spaziergang und scheint dabei seine Umgebung nicht wahrzunehmen. Und aus dem Universitätsgebäude tritt der berühmte Historiker und Reichstagsabgeordnete der Nationalliberalen, Theodor Mommsen, unter dem Arm einen Bücherstapel; er überquert die Straße und verschwindet in der Kommode – die bis 1914 als Bibliotheksgebäude diente; dann zogen die kostbaren Bücher auf die Nordseite der Linden um.

Die Bronzetafel, die wir heute an der Kommodenfassade finden, ist einem der vielen berühmten Bibliotheksbenutzer gewidmet, aber nicht, wie man annehmen könnte, einem Humboldt oder Helmholtz oder Hegel, sondern dem Wladimir Iljitsch Lenin, der eigentlich Uljanow hieß. Ihn zeigt auch ein farbiges Bleiglasfenster im Lesesaal des heutigen Institutsgebäudes und erinnert daran, daß politische Heiligenverehrungen manchmal beständiger als staatliche Gebilde und deren Ideologien sind.

Solche Vergänglichkeitsgrübeleien ergeben sich zwangsläufig auch beim Blick auf das relativ kleine Gebäude mit vier Eckrisaliten und quadratischem Grundriß, das auf der anderen Seite der Linden zwischen der Universität und dem Zeughaus steht. Mit seiner von dorischen Säulen getragenen Vorhalle ist es rein klassizistisch, doch rufen die Kastanien, die es umrauschen, auch die Erinnerung an die Romantik wach. Es ist das erste, manche sagen: das schönste von Schinkels Berliner klassizistischen Meisterwerken. Und obwohl es schon 1818 fertiggestellt und im 20. Jahrhundert zweckentfremdet wurde, wird es noch immer, nach seiner alten Bestimmung, die Neue Wache genannt.

So wie das Zeughaus und das Reichstagsgebäude ihre Namen nicht verloren, als Museum und Bundestag in sie einzogen, so blieb auch die Bezeichnung Neue Wache erhalten, als kein Kaiser und König mehr bewacht werden mußte und das Gebäude, nach inneren Umbauten, zur Gedenkstätte für Kriegstote wurde – deren Zahl dann in der unseligsten Zeit der deutschen Geschichte ins Unermeßliche wuchs.

Vorher, noch zu Kaisers Zeiten, so kann man Laforgues lustiger Beschreibung entnehmen, scheint die Aufgabe der Königswache, wie man sie damals nannte, vor allem in der Entbietung von Ehrenbezeugungen bestanden zu haben. Nicht nur der König und Kaiser, sondern auch seine Familienmitglieder wurden damit bedacht.

Die vor dem Gebäude auf- und abgehenden Posten, die ständig die Straße im Auge behalten mußten, konnten die ankommenden kaiserlichen Kutschen an den silbernen Hut- und Schul-

Die Neue Wache innen zur Kaiserzeit (1898).

terschnüren der Kutscher erkennen, und an der Art, in der die Kutscher die Peitschen hielten, war auszumachen, ob eine kaiserliche Hoheit im Wagen saß. Dann ertönte ein lautes Kommando, die Mannschaft, vierzig Mann Garde, rannte aus der Wachstube, durch die Säulenhalle die Stufen hinunter, formierte sich in zwei Linien und präsentierte die Gewehre, während der wachhabende Offizier mit gezogenem Degen grüßte und die »kleine, flache preußische Trommel, die so schroff klingt«, gerührt wurde. Sekunden später war der Wagen, in dem vielleicht nur »zwei Gouvernanten mit zwei königlichen Säuglingen saßen«, schon vorbei. »Für einen General«, fügt Laforgue hinzu, »kommt die Wachmannschaft nur zur Hälfte heraus.«

Als Gedenkstätte, die 1931 eingeweiht wurde, mußte die Wache nun selbst bewacht werden. In der Weimarer Republik erfüllten Polizisten in Zivil diese Aufgabe, im Dritten Reich und

Zustand der Neuen Wache im Jahre 1945.

der DDR aber strammstehende, behelmte Soldaten, so daß man auch das Schauspiel der Wachablösung, dessen Ritual von Friedrich Wilhelm III. stammte und die Berliner das ganze 19. Jahrhundert hindurch erfreut hatte, unter großem Publikumszulauf wieder aufnehmen konnte. Die Bürgergesellschaft von heute, die sich Soldaten zwar hält, sie aber nicht gerne vorzeigt, verzichtet aus der historisch verständlichen Furcht, als militaristisch zu gelten, im Gegensatz zu anderen europäischen Hauptstädten nicht nur auf diese beliebte militärisch-musikalische Schaustellung, sondern unverzeihlicherweise auch auf die von Schinkel neben die Neue Wache gestellten Marmorstatuen von Scharnhorst und Bülow, von denen ihr Schöpfer Rauch meinte, sie gehörten »im Geiste Schinkels« so notwendig zu dem Gebäude wie die beiderseits stehenden Bäume und das Dach. Heute stehen die beiden Feldherren zusammen mit den schon früher auf

Wachablösung an der Neuen Wache um 1900. Rechts und links stehen Rauchs Standbilder der Generäle Scharnhorst und Bülow, die heute auf die andere Straßenseite verbannt wurden.

Die Neue Wache zu DDR-Zeiten. Aufzug des Wachbataillons der NVA.

der anderen Straßenseite plaziert gewesenen York, Gneisenau und Blücher, in der kleinen Parkanlage zwischen der Oper und dem Prinzessinnenpalais.

Als Gedenkstätte gedient hat die Neue Wache also bisher vier deutschen Staaten, doch wechselten dabei selbstverständlich die Widmungen und mit diesen auch die amtlichen Benennungen. Die Weimarer »Gedächtnisstätte für die Gefallenen des Weltkrieges« wurde unter Hitler zum »Ehrenmal für die Gefallenen des Weltkrieges«, unter Ulbricht zum »Mahnmal für die Opfer des Faschismus und Militarismus« und nach der Wiedervereinigung zur »Zentralen Gedenkstätte der Bundesrepublik Deutschland«, deren Widmungsinschrift nun sehr allgemein lautet: »Den Opfern von Krieg und Gewaltherrschaft«.

Die Umwandlung der Wache zur Gedenkstätte wurde Ende der zwanziger Jahre vom Architekten Heinrich Tessenow vorgenommen. Die Wachstube, die Offiziersstube und das Arrestlokal wurden durch Beseitigung der Trennwände zu einem großen Raum vereinigt, der sein Licht durch eine runde Deckenöffnung erhielt. Die schlichte Ausstattung bestand aus einem altarähnlichen schwarzen Monolithen, auf dem ein goldener Eichenkranz ruhte, und einer Bronzeplatte mit der lapidaren Inschrift »1914-1918«. In der Hitlerzeit wurde noch ein Holzkreuz hinzugefügt.

Die Kriegsschäden der Neuen Wache wurden erst gegen Ende der fünfziger Jahre beseitigt, das neue Mahnmal, das, mit Ausnahme des nun fehlenden Eichenkranzes, im wesentlichen das alte war, 1960 der Öffentlichkeit mit militärischem Zeremoniell übergeben und 1969 umgestaltet, weil Tessenows Kargheit dem Repräsentationsbedürfnis der DDR-Oberen nicht mehr entsprach. An die Stelle des schwarzen Granitblocks trat ein in den Boden versenktes Glasprisma mit Ewiger Flamme. Um diese vor der Witterung zu schützen, wurde die runde Deckenöffnung mit einer Plexiglaskuppel geschlossen. Fußboden und Wände wurden neu verkleidet, und an der Stirnwand wurde als Steinintarsie das Staatswappen angebracht.

Das Innere der damals Ehrenmal genannten Gedenkstätte der Neuen Wache nach 1933 in der Gestaltung von Heinrich Tessenow. Nur das Holzkreuz war später hinzugefügt worden.

Dieses wurde schon 1990 beseitigt, doch kam die neuerliche Umgestaltung, an der Bundeskanzler Helmut Kohl wesentlich mitwirkte, erst 1993 zustande und wurde viel kritisiert. Man erneuerte Tessenows Fußboden- und Wandverkleidung, entfernte den Glaskubus und öffnete das Deckenrund wieder, setzte aber, Tessenows Pathos scheuend, an die Stelle des schwarzen Monolithen die vierfach vergrößerte Skulptur von Käthe Kollwitz' »Mutter mit totem Sohn«.

Leider hatte diese Entscheidung zur Folge, daß, wie schon erwähnt, die Standbilder von Scharnhorst und Bülow, die Schinkel neben die Neue Wache gestellt hatte, dorthin nicht zurückkehren durften. Die Kollwitz-Erben hatten nämlich die Genehmigung zur Aufstellung der trauernden Mutter aus pazifistischen, historisch aber nicht ganz einleuchtenden Gründen vom Verzicht auf Rauchs Generäle abhängig gemacht.

Friedrich reitet

Der schönste Platz Berlins war für E.T.A. Hoffmann der Gendarmenmarkt, für Nicolai der Opernplatz, für Schinkel aber das Friedrich-Forum, das damals noch als Platz wirken konnte, da der Durchgangsverkehr noch nicht störte und Schlüters Schloß das Ensemble im Osten zusammenhielt. Als Schinkel die Neue Wache baute, begründete er 1817 ihre monumentale Bauweise mit ihrer Lage an Berlins »schönstem Platze«, wo sie sich gegen die sie umgebenden »Prachtbauten aus früheren Zeiten« behaupten müsse – was ja dann auch vortrefflich gelang.

Das hinter der Wache liegende Plätzchen, das die Berliner schon seit dem 19. Jahrhundert das Kastanienwäldchen nennen und das heute von 58 in Reih' und Glied stehenden Kastanienbäumen beschattet wird, hatte ursprünglich, in größerer Ausdehnung, zum Park des Prinz-Heinrich-Palais gehört. Nach 1810 war es Universitätsgarten gewesen, was auch erklärt, warum Karl Gutzkow den Erinnerungen an seine Studentenjahre, in denen er von berühmten Lehrern wie Hegel, Schleiermacher und Ranke berichtet, den Titel »Das Kastanienwäldchen« gab.

Noch vor Gutzkows Studienzeit, als Schinkel hier baute und Heine die Vorlesungen schwänzte, fehlte dem Platz der Abschluß durch das Gebäude der Singakademie (des heutigen Maxim-Gorki-Theaters), das erst seit 1827 hier steht. Älter ist das Nachbargebäude, das sogenannte Palais am Festungsgraben, das in DDR-Zeiten Zentrales Haus der Deutsch-Sowjetischen Freundschaft hieß. Es hatte seit dem Ende des 18. Jahrhunderts das preußische Finanzministerium beherbergt, war auch für einige Jahre Wohnung und Arbeitsstelle des Freiherrn vom Stein gewesen, und auch der preußische Finanzminister Johannes Popitz, der nach dem 20. Juli 1944 von den Nazis als Mitverschwörer hingerichtet wurde, hatte hier bis zu seiner Verhaftung gewirkt.

Die Singakademie mit ihrem klassizistischen Portalgiebel war, Schinkels Entwürfen folgend, auf Initiative eines jener Männer entstanden, die zu Beginn des bürgerlichen Zeitalters den Typ des aktiven und vernünftigen Berliners prägten, der mit Tüchtigkeit auch Kunstsinn verbinden konnte und aus genialischen Zügen keinen Kult machte, sondern in ihnen die Fähigkeit des guten Handwerkers sah. Nicht im Niveau ihrer praktischen, geistigen oder künstlerischen Hervorbringungen, wohl aber in ihrem derben und doch zur Sensibilität fähigen Wesen waren der Verleger und Schriftsteller Friedrich Nicolai, geboren 1733 in der Poststraße, der Bildhauer Johann Gottfried Schadow, geboren 1764 am Halleschen Tor, in der Lindenstraße, und der Schulmann Karl Friedrich Klöden, geboren 1786 in der Artilleriekaserne, Holzmarktstraße 21, einander ähnlich, und auch der Komponist und langjährige Leiter der Berliner Singakademie Karl Friedrich Zelter war von dieser Art.

Als Sohn eines sächsischen Maurers, der es in Berlin zum Bauunternehmer gebracht hatte, war er 1758 in der Münzstraße geboren worden, hatte, trotz früher Musikleidenschaft und zeitbedingter Italiensehnsucht, eine Maurerlehre durchstehen, die Baumeisterprüfung ablegen und den väterlichen Betrieb übernehmen müssen, war aber dabei der Musik nie untreu geworden, hatte sie vielmehr in Privatstunden erst gelernt und später gelehrt. Zwar gründet sein Nachruhm außerhalb der Musikszene sich mehr auf den umfangreichen Briefwechsel, den er von 1799 bis zu seinem Tode mit Goethe führte, doch war er auch als Komponist, als Organisator und als Erneuerer der Bach-Pflege bedeutend. In seinen letzten drei Lebensjahrzehnten hat er als

Carl Friedrich Zelter auf einem Gemälde von Karl Begas von 1827.

Chef der Singakademie und der Liedertafel, als Professor an der Akademie der Künste, Leiter des Instituts für Kirchenmusik, Initiator der Musikbibliothek und privater Musiklehrer so erfolgreicher Komponisten wie Felix Mendelssohn-Bartholdy, Otto Nicolai und Karl Löwe das Berliner Musikleben wie kein anderer gefördert. Er starb 1832, wenige Wochen nach dem von ihm immer hochverehrten Goethe, der ihn einer Duz-Freundschaft gewürdigt und immer als gleichrangigen Partner betrachtet hatte. Sein Grabdenkmal steht an der Sophienkirche, doch ist auch die Singakademie ein Denkmal für ihn.

Die 1791 von Zelters Kompositionslehrer Karl Friedrich Fasch gegründete und geleitete Vereinigung, die Zelter nach Faschs Tod, 1800, weiterführte, trat erst in Privathäusern, dann, unter oft schwierigen Bedingungen, im nicht beheizbaren Saal der Akademie der Künste auf. Der Bau eines eigenen, durch Spenden finanzierten Konzerthauses wurde möglich, als Friedrich Wilhelm III. auf Bitten Zelters dem Verein das Grundstück am Festungsgraben schenkte. Im November 1825 konnte Zelter, der von seinem Vater gelernt hatte, Handwerkerbräuche zu achten, seinem Freund Goethe vom Richtfest erzählen, bei dem der »schönste Kranz, den Rosenfinger je bereitet haben«, von etwa »hundert Maurern und Zimmerleuten« vom Hause Zelters in der Gormannstraße durch den Lustgarten, vorbei an der Wohnung des Königs, also dem Kronprinzenpalais, zum gerichteten Neubau getragen und mit dem Lied »Gott segne den König« aufgezogen wurde. »Vom Erker herab erfolgte eine erbauliche Zimmermannspredigt«, die mit den Versen begann:

»So stehe Du nun, ein festes Haus,
Bis in die fernste Zukunft hinaus.
Erbaut – zu erbauen in Freud und Schmerz
Durch frommen Gesang Gemüt und Herz.
Ruf entgegen – dem Bedrängten in seiner Not:
›Eine feste Burg ist unser Gott‹
Dem Trostbedürftigen, der zum Herren fleht,
›Gott, erhöre mein Gebet‹.«

Und so finden sich dann auch für die Trauernden und die Reuigen die entsprechenden Kirchenlieder, bis es am Ende heißt:

»Jahrhunderten soll erschallen in Dir
Ein heiliges: ›Herr Gott Dich loben wir!‹
Sprecht mit mir jetzt in Jesu Namen
Dazu ein frommes Amen! Amen!«

Die Singakademie auf einem Stahlstich von Alexander Marx im Jahre 1848. Der später zugeschüttete Festungsgraben ist hier noch zu sehen.

Im Januar 1827 konnte Zelter nach Weimar melden, daß im neuen Gebäude, dessen Akustik vorzüglich sei, schon geprobt werden könne. Zwar fehlten noch Türen und Sitze, und der Farbengeruch würde noch bleiben, »bis jeder von uns sein Teil wird aufgerochen haben«, aber diese frühzeitige Nutzung spare ihnen anderswo Miete. Man habe Schulden machen müssen, und der Kreditzins sei hoch.

Auch nachdem das neue Haus im Frühjahr in Anwesenheit des Königs eröffnet worden war und Zelter im Sommer eine Dienstwohnung unter dem Konzertsaal bezogen hatte, blieben die Geldsorgen, so daß er und seine Nachfolger froh waren, den Saal häufig an andere Veranstalter vermieten zu können, an Alexander von Humboldt zum Beispiel, der hier in freier Rede seine berühmten Vorträge halten konnte, oder an vielbejubelte Solisten wie Niccolò Paganini, Franz Liszt, Clara Schumann und Anton Rubinstein.

1848 diente das Haus kurzzeitig der ersten freigewählten Nationalversammlung, bis sie aus Platzgründen ins Schauspielhaus umziehen mußte, woraus sie dann die Gegenrevolution in Gestalt General Wrangels vertrieb.

Die Chorvereinigung der Singakademie konnte sich in ihrer mehr als zweihundertjährigen Geschichte über alle politischen Wechsel hinwegretten, wenn auch das Haus ihr nach dem Zweiten Weltkrieg verlorenging. Ihr letztes Konzert im eigenen Hause gab sie im November 1943; dann wurde das Gebäude durch britische Brandbomben beschädigt, beim Wiederaufbau 1952 im Innern völlig verändert und von der Besatzungsmacht dem Haus der Kultur der Sowjetunion, dem späteren Zentralen Haus der Deutsch-Sowjetischen Freundschaft, als Theater angegliedert, weshalb es noch heute Maxim-Gorki-Theater heißt.

Als Friedrich Wilhelm III. der Singakademie den Baugrund zur Verfügung gestellt hatte, wurde dessen Lage von Zelter nicht mit der später festgeschriebenen Bezeichnung Am Festungsgraben erläutert, sondern er sprach Goethe gegenüber von den »Universitätsgärten«, neben denen der Bauplatz gelegen war. Diese sind heute so wenig wie die sogenannten Ministergärten westlich der Wilhelmstraße oder viele andere Innenstadtgärten vorhanden; die meisten von ihnen überlebten das 19. Jahrhundert nicht. Die hinter der Universität gelegenen Gärten wurden endgültig erst zwischen 1913 und 1920 beseitigt, als der Bau der langen Seitenflügel, nach Entwürfen von Ludwig Hoffmann, notwendig geworden war. Die wenigen heute noch vorhandenen Grünflächen des Universitätsgeländes nutzte das 19. und 20. Jahrhundert zur Aufstellung von Denkmalsskulpturen einiger Wissenschaftskoryphäen, wie Mommsen, Helmholtz und Hegel, während die marmornen Brüder Humboldt, die nach 1945 der Universität zu Namenspatronen wurden, den Eingang zum Ehrenhof der Dreiflügelanlage des ehemaligen Prinz-Heinrich-Palais schmücken. Sie sitzen seit 1883 dort.

Länger schon, seit 1851 nämlich, mit einer Unterbrechung zu

Entwurf für ein Denkmal für Friedrich den Großen von Friedrich Gilly.

DDR-Zeiten, erhebt sich auf der hier beginnenden Mittelpromenade Rauchs Denkmal Friedrichs des Großen, das aber nicht nur ihn, sondern auch seinen Staat darstellen will. Während er, von Westen kommend, in den königlichen Bezirk des nach ihm benannten Forums einreitet, wimmelt es auf seinem hohen Sockel von Reliefs und Skulpturen. Neben den vier Symbolgestalten der Stärke, der Gerechtigkeit, der Weisheit und der Mäßigung drängeln sich hier Feldherren, Politiker, Dichter und andere bedeutende Zeitgenossen, auch Kant darunter, etwa hundert an der Zahl. Ihre detaillierte Beschreibung könnte ein Buch über die sechsundvierzig Regierungsjahre Friedrichs füllen. Ähnlich umfangreich ist die Vorgeschichte des Denkmals, sie macht ein interessantes Kapitel preußischer Kunstgeschichte aus.

Schon zu Friedrichs Lebzeiten war daran gedacht worden, ihn durch ein Denkmal zu ehren, doch war das von ihm verhindert worden, so daß die ersten Friedrich-Denkmäler in Preußen erst nach seinem Tode geschaffen wurden: 1792 im Schloßpark von Quilitz, das man später Neuhardenberg nannte, und 1793 in

Stettin. In Berlin mußte man auf den großen König, der, je länger er tot war, desto mehr verehrt wurde, noch mehr als ein halbes Jahrhundert warten, obwohl an Entwürfen bedeutender Künstler kein Mangel war. Denn schon Friedrichs Nachfolger, Friedrich Wilhelm II., hatte 1791 und 1797 Wettbewerbe ausgeschrieben, an denen sich alle bedeutenden Baumeister und Bildhauer beteiligt hatten. Viele architektonisch geprägte Lösungen mit Rotunden oder Tempeln, meist auf antike Vorbilder zurückgehend, waren dabei gewesen, darunter so kühne und aufwendige, wie die Friedrich Gillys, der schon als Achtundzwanzigjähriger gestorben war. Durch den Tod des Monarchen, die Sparsamkeit seines Nachfolgers und die Folgen der Napoleonischen Kriege wurde das Denkmalsprojekt verzögert und erst in den dreißiger Jahren wieder akut. Angeregt vom märkischen Provinziallandtag, beauftragte der König den Geheimen Oberbaurat Schinkel mit dem Bau einer schlanken, hohen Säule, dessen Spitze das Standbild Friedrichs bilden sollte, doch konnte Schinkel dem König diesen Plan wieder ausreden und ihn für Rauchs Idee eines Reiterstandbildes begeistern, das Friedrich nicht in antiken Gewändern, sondern in historisch beglaubigter Kleidung, also in Uniform mit dem charakteristischen Dreispitz, darstellt und sein Zeitalter durch eine Vielzahl von Sockelfiguren Gestalt werden läßt.

Zur Hundertjahrfeier von Friedrichs Thronbesteigung wurde im Mai 1840 der Grundstein für das Denkmal gelegt. Da der todkranke König, der nur noch wenige Wochen zu leben hatte, die Feier nur vom Fenster seines Palais aus mit ansehen konnte, trat an seine Stelle der Kronprinz, der dann auch, als Friedrich Wilhelm IV., nachdem er die Revolution hinter sich gebracht hatte, am 31. Mai 1851 die Denkmalsenthüllung vornehmen konnte. Nach dem Läuten der Glocken und dem Aufmarsch des Militärs und der Gewerke hielten der König und der Ministerpräsident von Manteuffel Ansprachen, in denen das Wort Revolution zwar nicht vorkam, sich aber jeder Satz auf deren Überwindung

Eingemauert hatte Rauchs Friedrich-Denkmal den Zweiten Weltkrieg heil überstanden, war danach aber von den DDR-Oberen nach Potsdam verbannt worden. Erst als die Ideologen sich mit der preußischen Vergangenheit ausgesöhnt hatten, kehrte Friedrich Unter die Linden zurück.

bezog. Die »Rettung vor dem Abgrund« in den »letzten verhängnisvollen Jahren« wurde im Geiste Friedrichs beschworen und so das neue Denkmal zum Mahnmal für Königstreue und gegen Umsturzversuche gemacht. »Meine Armee«, sagte der König seinen Offizieren, sei »gottlob noch heute würdig, das Heer des großen Königs zu heißen«; es habe in den letzten Jahren, »als alles Land umher mit schwarzer Nacht bedeckt« gewesen wäre, »im hellsten Sonnenscheine unangetasteter Ehre und Treue« wie ein »Berg Gottes« den »giftigen Nebel« überragt. Und den Bürgern der Stadt gegenüber bezeichnete er den bronzenen Reiter als ein »Monument der Versöhnung« und als Garant für die »Rückkehr« in die alte, bewährte, also bessere Zeit.

Auch der junge, zwei Jahre zuvor noch revolutionär gesinnte Theodor Fontane, der sich damals gerade, der Not gehorchend, dem Kabinett Manteuffel als Journalist angedient hatte, fühlte sich in seinem poetischen Beitrag zur Denkmalsenthüllung bemüßigt, den hoch oben reitenden Friedrich als »Wächter« und »Vorgebirge aus Erz« zu preisen, und zwar nicht nur als einen solchen gegen den äußeren, sondern auch gegen den inneren Feind.

»Bist endlich da! Gott seis geklagt,
Hast lange warten lassen;
Nun lehr uns wieder unverzagt,
Den Feind beim Schopf zu fassen.
Den Feind in Ost, den Feind in West,
Die Feinde drauß und drinnen.
Zerreiß die Netze dicht und fest,
Womit sie uns umspinnen.«

So die erste Strophe des »Alten Fritzen« von 1851. Zwanzig Jahre später aber wird das Denkmal des Königs, den Fontane bis ins hohe Alter verehrte, von ihm anders gesehen. In seinem Gedicht »Einzug«, das die unvergeßlichen Invaliden-Zeilen enthält:

No. 19.

No. 17.

Da Friedrich der Große für deutsche Dichter und Denker nichts übrig hatte und die von ihm geschätzten Franzosen auf einem deutschen Denkmal des 19. Jahrhunderts nicht erscheinen konnten, fiel auf Rauchs Friedrich-Denkmal der unter den Pferdeschwanz verbannte Kulturbereich mager aus. Nur Kant, Lessing und der Kapellmeister Graun sind dort vertreten. Die anderen drei Gestalten sind Beamte: der Großkanzler von Carmer und die Minister von Schlabrendorff und von Finckenstein.

»Jedem Stelzfuß bis in sein Bein von Holz / Fährt der alte Schlachtenstolz«, läßt er am 16. Juni 1871 die aus Frankreich heimkehrenden Sieger »durch das große Portal« über die Linden marschieren, und wenn sie haltmachen beim Alten Fritzen, beugt dieser sich zu ihnen hinunter, nicht aber, um ihnen zu ihrem nach 1864 und 1866 nun schon dritten Sieg zu gratulieren, sondern um sie vor weiteren Kriegsabenteuern zu warnen – was aber, wie wir heute wissen, vergeblich war.

»Bei dem Fritzen-Denkmal stehen sie wieder,
Sie blicken hinauf, der Alte blickt nieder;
Er neigt sich leise über den Bug:
Bon soir, Messieurs, nun ist es genug.«

Aufrecht am Eckfenster

Das Haus mit der Nummer 9 auf der Südseite der Linden, das rechtwinklig zur Kommode steht und sich nach Westen hin an das Niederländische Palais lehnte, das nach 1945 durch die Fassade des Gouverneurshauses aus der Rathausstraße ersetzt wurde, gehört heute, wie der ganze im Innern miteinander verbundene Komplex, der juristischen Fakultät der Universität. In Heines Berliner Studienjahr sah das Gebäude bescheidener aus. In seinen »Briefen« wird es gar nicht erwähnt. Es war damals ein kleiner, mit einem Walmdach gedeckter, von einem General bewohnter Bau aus dem 17. Jahrhundert, der früher einmal den Hohenzollern der Schwedter Linie als Berlin-Sitz gedient hatte, später dem Prinzen Wilhelm gehörte und erst nach 1871 berühmt wurde, als sein inzwischen graubärtig gewordener Bewohner deutscher Kaiser geworden war. Mit diesen Wechseln hatten auch die Benennungen des Hauses gewechselt, und auch heute ist man sich wohl nicht einig darüber, ob das Gebäude Palais des Prinzen Wilhelm, Kaiser-Palais oder, wie man am häufigsten hört, Altes Palais heißen soll.

Prinz Wilhelm, zweitältester Sohn der Königin Luise, der 1848 von der Revolution zur Flucht nach England getrieben, seines forsch-militanten Gehabes wegen als Kartätschenprinz beschimpft, als Kaiser aber später geliebt wurde, war 1829, nach seiner pflichtgemäßen Heirat mit der ungeliebten Prinzessin Augusta von Sachsen-Weimar-Eisenach, hier eingezogen, hatte das Haus, von dem heute nur noch die klassizistische Fassade

Blick von der Universität auf das Palais Kaiser Wilhelms I. und die Königliche Bibliothek im Jahre 1879. Die Standarte auf dem Dach zeigt die Anwesenheit des Kaisers. Das letzte Fenster im Erdgeschoß links ist das sogenannte Historische Eckfenster. Der Photograph dieser Aufnahme war Hermann Rückwardt.

dem Original entspricht, 1834-1837 von Langhans dem Jüngeren, dem Sohn des Brandenburger-Tor-Erbauers, umbauen und vergrößern lassen und es, abgesehen von den Sommermonaten, bis an sein Lebensende, 1888, bewohnt.

Die Wohn- und Schlafräume des Kaiserpaares befanden sich an der östlichen Ecke des Hauses, die seinen im Erdgeschoß, die ihren darüber, so daß sie sich aus dem Weg gehen und ihr Eheleben im Alter auf Anstandsbesuche beschränken konnten. Beeindruckend war die Stille des Hauses, in der immer das Ticken der Uhren zu hören war. Nur am Vormittag wurde es manchmal lauter, wenn Ordonnanzen sporenklirrend Meldungen brachten oder der Kanzler mit festen Schritten zum Vortrag kam. Außer dem alten Paar wohnten nur Diener und Kammerfrauen im Hause; der Hofstaat war im Schloß und im Prinzessinnenpalais untergebracht.

Augusta, Prinzessin von Preußen, geb. Prinzessin von Sachsen-Weimar-Eisenach, die spätere Königin und Kaiserin, in einer Bleistiftzeichnung von Wilhelm Hensel von etwa 1850. Ihre intellektuelle Überlegenheit in der Ehe ließ sie als kalt und abweisend erscheinen, und ihre Vorliebe für die Abgeschiedenheit von Schloß Babelsberg trug ihr den Spitznamen »Königin von Babylon« ein.

Der alte Kaiser nach einer Photographie von J. Albert, gestochen von T. Bauer.

Die Kaiserin, die im Alter, verschiedener schwerer Leiden wegen, im Rollstuhl bewegt werden mußte, war ihrem Mann intellektuell weit überlegen, auch in der Krankheit noch geistig rege und als Weimarerin, die in der Umgebung Goethes aufgewachsen war, viel mehr als er kulturell interessiert. Sie übertraf ihn aber auch im Festhalten am Alten, oft Überholten, wie zum Beispiel beim Gebrauch des Französischen bei Hofe, das sie glänzend beherrschte und ein Gleiches von den sie umgebenden

Kaiser Wilhelm I. 1885 in seinem Arbeitszimmer im Palais Unter den Linden. Durch das Fenster ist die Universität zu sehen. Gemälde von Carl Arnold.

Damen verlangte, obwohl es allgemein nicht mehr üblich war. Alles Moderne, wie die realistischen und naturalistischen Romane, war ihrem in Weimar gebildeten ästhetischen Empfinden ebenso zuwider wie der derbe Witz der Berliner. Und auch Frivolitäten, wie die der »Kameliendame«, die ihrer sentimentalen Verpackung wegen alle Welt rührte, lehnte die sittenstrenge Herrscherin ab. Ihre Empfindlichkeit in dieser Hinsicht machte neuerdings der Fund eines ihr einst gehörenden Romans deutlich, in dem ihr Vorleser alle Stellen gestrichen hatte, die ihr zuzumuten unmöglich gewesen war.

Entdecker dieses Kuriosums war ein französischer Archivar, der im Zweiten Weltkrieg als Kriegsgefangener in Deutschland das Glück gehabt hatte, in der Preußischen Staatsbibliothek ar-

Luftbildaufnahme der 1914 eingeweihten neuen Königlichen Bibliothek, der späteren Preußischen Staatsbibliothek. Am unteren Bildrand die Linden mit dem Friedrich-Denkmal, in der Mitte des Gebäudekomplexes der Kuppellesesaal.

beiten zu können, und der dort auf Streichungen und französische Randbemerkungen in einem sentimentalen französischen Unterhaltungsroman des 19. Jahrhunderts aufmerksam geworden war. Das Buch war, wie aus dem alten Stempel ersichtlich, aus dem Besitz der Kaiserin Augusta hierher geraten, und die Streichungen und Bemerkungen stammten von Jules Laforgue, dem schon erwähnten jungen französischen Dichter, der von 1881 bis 1886 Vorleser der Kaiserin gewesen war. Er hatte mit im kaiserlichen Palais wohnen dürfen, wo man ihm auch die Dienerschaft gestellt hatte, und so kaiserlich, wie er wohnte, wurde er auch entlohnt.

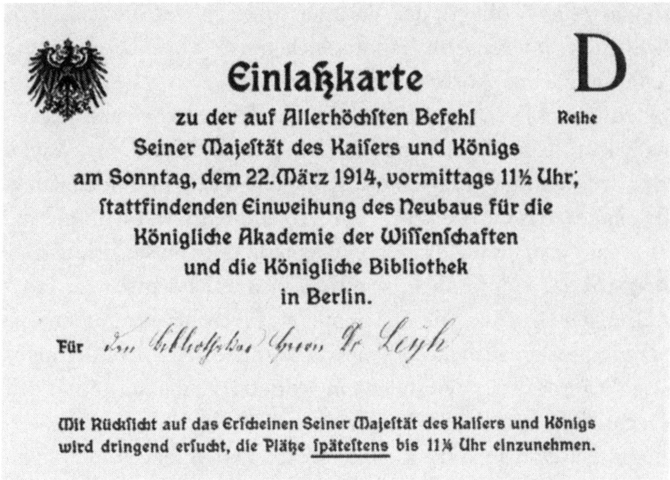
D

Reihe

Einlaßkarte

zu der auf Allerhöchsten Befehl
Seiner Majestät des Kaisers und Königs
am Sonntag, dem 22. März 1914, vormittags 11½ Uhr,
stattfindenden Einweihung des Neubaus für die
Königliche Akademie der Wissenschaften
und die Königliche Bibliothek
in Berlin.

Für den Bibliothekar Herrn Dr Leyh

Mit Rücksicht auf das Erscheinen Seiner Majestät des Kaisers und Königs
wird dringend ersucht, die Plätze spätestens bis 11¼ Uhr einzunehmen.

Ein knappes halbes Jahr nach dieser Feierlichkeit brach der Erste Weltkrieg aus, und mit der Bautätigkeit Wilhelms II. war es vorbei. An seine Zeit erinnert Unter den Linden neben Ihnes Bibliotheksbau noch der neue Dom von Raschdorff und das wiedererstandene Hotel Adlon.

Zweimal am Tag mußte der Vorleser tätig werden, morgens mit von ihm ausgewählten Artikeln aus französischen Journalen und am Abend vor einer größeren Gesellschaft mit Romanen. In einem Brief an einen Freund in Paris beschreibt er die Abendvorlesung so: »Um 8 ½ Uhr abends soll ich bei ihr vorlesen. Wieder schlägt mir das Herz. Um einen Tisch sitzen zwei Prinzen, vier junge Prinzessinnen, die Gräfin Hacke, die Kaiserin, alle in Toilette. Die Prinzen blättern in Bilderbüchern, die jungen Damen sticken, die Kaiserin aquarelliert. Ich lese wie im Traum, versuche, meine Stimme zu beherrschen. ... Es kommt eine etwas bedenkliche Stelle. Die Gräfin Hacke sieht mich unruhig an, und geschickt überschlage ich diese Passage. Gott sei Lob und Dank, die Situation ist gerettet.«

Wie seine Anstreichungen in dem erwähnten Unterhaltungsroman zeigen, pflegte der Vorleser später, als er die Empfindlichkeiten der Kaiserin kannte, sich besser vorzubereiten, um jeder möglichen Anstößigkeit aus dem Wege zu gehen. In unserem und wohl auch im Verständnis der Zeitgenossen enthielt der harmlose Roman (es handelte sich um »Picciola« von Xavier Boniface Saintine) gar keine anstößigen Stellen, und doch gab es da einiges, das der Kaiserin nicht zuzumuten war. Nicht nur auf alles mit Sexualität Zusammenhängende oder an sie Erinnernde reagierte sie empfindlich, sondern auch auf Fortpflanzungsdetails in der Botanik, wie sie Dichter als Metaphern benutzen. Erwähnungen unsittlicher Liebesverhältnisse und Schilderungen weiblicher Körper wurden vom Vorleser genau so getilgt wie Derbheiten und Unschönheiten, wie sie in Volksszenen vorkommen. Und auch die kleinste Kritik an den regierenden Häusern, am Militär und der Geistlichkeit wurde mit der Randbemerkung: Nicht vorlesen! versehen.

Laforgue, der übrigens außerhalb seiner Vorlesedienste erotische Gedichte verfaßte, die eine besondere Leidenschaft für weibliche Unterwäsche erahnen lassen, kam, da die Kaiserin ihr Reich im Obergeschoß hatte, mit dem Kaiser nur selten zusammen, der, wie gesagt, unten wohnte und von Literatur wenig hielt. Die Lage des Arbeitszimmers des Kaisers, in dem auch Besucher empfangen wurden, war, des sogenannten Historischen Eckfensters wegen, allen Berlinern und Berlin-Besuchern vertraut. Jeden Mittag um zwölf, wenn Marschmusik über die Linden schallte und die Garde zur Wachablösung vorbeimarschierte, erhob sich der Kaiser von seinem Schreibtisch, knöpfte den Uniformrock zu, rückte am Halse den Pour le merité genau in die Mitte und zeigte sich in strammer Haltung am Fenster, noch mit Neunzig kein bißchen vom Alter gebeugt.

Laforgue beschreibt ihn als aufrechten, schlichten, von des Gedankens Blässe nur wenig berührten Menschen, der, im Gegensatz zu vielen seiner Vorfahren, weder besondere Leidenschaften noch Kunst- und Wissenschaftsinteressen hatte, keine

Konzerte, Theater oder Museen besuchte, keine Bücher las, außer militärischen Schriften, und den nicht der Ehrgeiz trieb, sondern die Pflicht. Er war kein Prahlhans, wie später sein Enkel, und obwohl man ihn nach seinem Tode den Heldenkaiser Wilhelm den Großen oder den Siegreichen nannte und ihn mit einem riesigen Denkmal an der Schloßfreiheit ehrte, war er nur widerwillig und zögernd Bismarcks Militärpolitik bei der Reichseinigung gefolgt.

Er starb im März 1888 in dem Palais, in dem er fast sechzig Winterhalbjahre verbracht hatte. Seine Leiche wurde im Dom aufgebahrt, später in feierlichem Zuge die schwarzverhangenen Linden entlang nach Charlottenburg gefahren und im Mausoleum seiner Eltern beigesetzt. Schon die Zeitgenossen, die gerade die ersten Automobile und lenkbaren Luftschiffe bestaunen konnten, hatten die Ahnung, daß der Tod dieses noch aus dem vorigen Jahrhundert stammenden Greises ein Zeichen für die Beendigung einer Epoche war. Und tatsächlich begann, nachdem die neunundneunzig Regierungstage des Sohnes, Friedrichs III., vorüber waren, mit dem Enkel, dem zweiten Wilhelm, schon jene Entwicklung, an dessen Ende die Katastrophe des Ersten Weltkrieges stand. Die Zeit des alten Kaisers wurde dadurch bald von einem schönen nostalgischen Schimmer umgeben, dem selbst noch der sonst so kritische Beobachter Franz Hessel ein wenig erlag.

Als er, angeregt durch die Lektüre Laforgues in den Weimarer Jahren, die zum Museum gewordenen Wohnräume Wilhelms I. im Alten Palais besuchte, mit Filzpantoffeln durch die kaiserlichen Zimmer schlurfte und die vielen unnützen, meist geschmacklosen Geschenke bestaunte, mit denen der Kaiser pietätvoll seine mit unbequemen Möbeln schon überladenen Wohnräume vollgestopft hatte, überfiel ihn, der in der Jugend noch den großmäuligen Enkel erlebt hatte, eine seltsame Rührung, als habe er hier gesehen, wie das alte Preußen im Gründerzeitkitsch zu Ende gegangen war. Die aufrechte, korrekte Haltung des Greises am Eckfenster, das einfache Feldbett in der kaiserlichen Schlafkammer und die unbequemen Stühle erinnerten ihn an die preußische Anekdote, in der ein alter und kranker Offizier kurz vor seinem Tode den fürsorglichen Ratschlag, er solle doch bei Tische die seinem Zustand nicht zuträgliche korrekt-aufrechte Haltung aufgeben und sich bequem anlehnen, mit der Begründung, solches Sichgehenlassen könne leicht zur schlechten Gewohnheit werden, entschieden verwarf.

Mars und Minerva

Für Wissensdurstige, Bibliophile und Liebhaber stiller, aber geschäftiger Lesesäle, wo Individualisten, von Büchermauern umgeben, eine schweigende Gemeinschaft bilden, in der gelegentliches Flüstern nur Beweis ist für die Achtung vor der Sphäre des anderen – für solche Leute, zu denen auch der Schreiber dieser Zeilen sich rechnet, ist der vertrauteste Abschnitt der preußischen Prachtstraße die 170 Meter lange Strecke auf der Nordseite der Linden zwischen der Universitäts- und der Charlottenstraße, wo sich, postalisch mit der Nummer 8 bezeichnet, seit 1914 das von Ernst von Ihne entworfene neobarocke Gebäude der Preußischen Staatsbibliothek erhebt. Der riesige, sich bis zur Dorotheenstraße hin erstreckende Komplex mit Innenhöfen, der auch der Bibliothek der Berlin-Brandenburgischen Akademie der Wissenschaften und der Universitätsbibliothek Platz bietet, hatte im Februar 1944 zwar durch Bombenschaden sein Kern- und Glanzstück, den von einer hohen Kuppel überwölbten runden Lesesaal verloren, ansonsten aber den Krieg mit relativ leichten Schäden überlebt. Nach den notwendigsten Reparaturen konnte die Bibliothek im Juni 1946 wieder eröffnet werden, ihre Bestände freilich, die man großenteils zwischen 1941 und 1945 in vermeintlich bombensichere Gebiete ausgelagert hatte, waren stark reduziert.

Große Verluste waren durch Kampfhandlungen und Nachkriegsplünderungen entstanden. Nach Schlesien und Pommern verbrachte Buch- und Handschriftenbestände wurden (und werden bis heute) von Polen zurückgehalten, andere wurden als Kriegsbeute in die Sowjetunion gebracht.

Da sich große Teile der ausgelagerten Schätze nach dem Kriege in Westdeutschland wiederfanden, hatte die staatliche Teilung Deutschlands auch die Teilung der Staatsbibliotheksbestände zur Folge. In Westberlin, an der Potsdamer Straße, wurde 1978 Hans Scharouns neue Staatsbibliothek eröffnet, und erst nach der Wiedervereinigung wurden deren Bestände mit den Unter den Linden verbliebenen wieder zusammengeführt.

Als Königliche war die Bibliothek 1914 aus der Kommode in Ihnes riesigen Bau auf der anderen Straßenseite eingezogen, war im Dezember 1918 in Preußische Staatsbibliothek umgetauft worden, hatte in DDR-Zeiten nacheinander die Namen Öffentliche Wissenschaftliche Bibliothek und Deutsche Staatsbibliothek annehmen müssen und firmiert heute sowohl in ihrem Haus 1, dem alten, als auch in Haus 2, dem neuen, unter dem unförmigen Namen Staatsbibliothek zu Berlin, Stiftung Preußischer Kulturbesitz.

In den Anfängen des Königreichs Preußen hatte in dem Areal zwischen den Linden, der Charlottenstraße, der Dorotheen- (früher der Letzten-)Straße und der Universitäts- (früher der Stall-)Straße der Marstall gestanden, doch war dieser teilweise auch damals schon dem Geist verpflichtet gewesen, weil die 1696 und 1700 gegründeten Akademien der Künste und der Wissenschaften auch dort, über den Ställen, ihre Räume gehabt hatten, so daß Leibniz angeblich schon die ironische Widmung »Mulis et musis!« (Für Maultiere und Musen) erfunden hatte und Karl Gutzkow, der nach den Befreiungskriegen in diesem Geviert seine Kindheit verbracht hatte, in seinen Erinnerungen von der in diesem Karree erfolgten Vereinigung von Mars und Minerva schwärmte und das Roß hier schon früh in Doppelgestalt erlebte: als Kavalleriepferd und als Pegasus.

Nachdem das alte, von Nering gebaute Gebäude 1743 abgebrannt war, ließ Friedrich der Große von Boumann dem Älteren

Das ehemalige Marstall- und Akademiegebäude, das dann dem neuen Bibliotheksbau von Ernst von Ihne weichen mußte, in einer Photographie von Max Missmann aus dem Jahre 1904.

ein neues errichten, in dem aber die Aufteilung in die unteren Ställe und die oberen Akademieräume erhalten blieb. Es hatte über dem Hauptportal eine Uhr mit langsam und feierlich sich bewegendem Perpendikel, nach der auf Pünktlichkeit bedachte Berliner ihre Taschenuhr stellten. Die Akademieuhr war die Normaluhr der Residenz.

Nach den kümmerlichen Jahrzehnten der Akademien unter Friedrich Wilhelm I., der nichts hielt von Künstlern und Gelehrten, und Friedrich II., dem nur französische Künstler und Gelehrte etwas galten, kamen mit Friedrich Wilhelm II. und seinem zuständigen Minister von Heinitz bessere Zeiten, in denen das langgestreckte Gebäude zwischen der Universitäts- und der

Charlottenstraße mit so berühmten Namen wie Chodowiecki, Schadow, Nicolai und Humboldt verbunden war. Im Todesjahr Friedrichs des Großen, 1786, gab es in seinen Räumen die erste der dann jährlich (ab 1798 nur noch zweijährlich) stattfindenden Ausstellungen, die sich ständig, auch durch einen Anbau, vergrößernd und immer von Katalogen begleitet, bis 1874 an dieser Stelle fortsetzten. Der erste, bei Decker gedruckte Katalog hatte folgendes Titelblatt: »Verzeichniß derjenigen Kunstwerke, welche den 20. Mai und folgende Tage vormittags von 10 bis 1 Uhr und nachmittags von 3 bis 5 Uhr in den Zimmern der Königl. Preuß. Academie der Künste und mechanischen Wissenschaften über dem Königl. Marstall auf der Neustadt zur öffentlichen Besichtigung ausgestellt sind.«

Die Vorrede des Katalogs von 1791 spricht von einer »Morgenröthe« der vaterländischen Kunstausübung, die sich dann auch in einer Fülle von Entwürfen zu einem Denkmal für Friedrich den Großen und in Schadows Grabmal für den Grafen von der Mark beweist. In der dem Frieden von Basel gewidmeten Ausstellung von 1795 konnte zum erstenmal, im Gipsmodell, Schadows Doppelstandbild der Kronprinzessin Luise und ihrer Schwester Friederike, die sogenannte Prinzessinnengruppe, bewundert werden. Und die Ausstellung von 1810 ging durch die hier gezeigten und vom König angekauften Gemälde Caspar David Friedrichs »Abtei im Eichwald« und »Mönch am Meer« in die Kunstgeschichte ein.

Hier, in der Akademie über den Ställen, hielt 1799 Friedrich Nicolai seinen vielbespöttelten Vortrag über die Entstehung von Geistererscheinungen, auf den Goethe mit den zum geflügelten Wort gewordenen »Faust«-Versen reagierte:

»Das Teufelspack, es fragt nach keiner Regel.
Wir sind so klug, und dennoch spukts in Tegel.«

Der unter Stallknechten, Soldaten und Gelehrten im Marstall- und Akademieviertel aufgewachsene Schriftsteller Karl Gutzkow um 1844 in einer Lithographie von J. Braunsdorf.

Fichte hielt in den Jahren der französischen Besatzung in diesen Räumen seine berühmten »Reden an die deutsche Nation«. Später ist Theodor Fontane, der als Journalist auch das Fach des Kunstkritikers beherrschte, hier oft durch die Säle gegangen, um danach seine umfangreichen Ausstellungsbesprechungen zu schreiben. Und für einige unerquickliche Wochen war er hier sogar als Akademiesekretär angestellt.

Die Kunstakademie, die später, als das Gebäude abgerissen

wurde, an den Pariser Platz wechselte, hatte ihre Unterrichtsräume und Sammlungen im westlichen Teil der Lindenfront. Mehr zur Universität hin saß die Akademie der Wissenschaften, die auch eine in Gelehrtenkreisen bekannte Druckerei mit persischen, arabischen und Sanskrit-Lettern hatte, die in einem Seitenflügel an der Universitätsstraße untergebracht war. An der Dorotheenstraße, so erzählt Gutzkow in seinen Erinnerungen aus den Jahren nach 1815, stand der Turm der Sternwarte, und an der Charlottenstraße führte eine Treppe hinauf zum »medizinischen Kollegium«, zur Anatomie. In den Erdgeschossen aber und in etlichen Nebengebäuden befanden sich Pferdeställe und Wagenremisen, dazwischen aber auch kleine Rasenplätze und Lauben von wildem Wein. Auch ein großer Nußbaum war dort zu finden, der einem königlichen Kutscher gehörte, der ihn mit den »drastischsten Mitteln« gegen die Kinder verteidigte, »die schon glücklich waren, nur ein einziges duftendes Blatt von ihm zu erhaschen, das sie mit sanftem Fingerstrich in seinem zarten Geäder von dem Blattgrün befreiten und als übriggebliebenes zierliches Gerippe in ihr Lesebuch, den Brandenburgischen Kinderfreund, legten«.

Neben den Pferden der königlichen Familie waren auch die von Kavallerieregimentern hier untergebracht. In den Erinnerungen des F.A.L. von der Marwitz ist nachzulesen, wie er als junger Soldat im Eliteregiment Gensdarmes, das nach 1806 aufgelöst wurde, jeden Morgen drei Uhr hierhereilte, um sein Pferd zu füttern und zu striegeln. Später standen hier die Pferde der Kürassiere vom Regiment Garde du Corps und der Ulanen, und folglich waren, wie Gutzkow berichtet, ständig Trompetensignale, Kommandos, das Wiehern der Pferde und das Klirren von Ketten zu hören. Und manchmal wurden die Tiere auch durch Pistolenschüsse und Trommelschläge mit dem Lärm von Paraden und Schlachten vertraut gemacht.

Die Kinder der königlichen Bediensteten, die bei den Ställen ihre dürftigen Wohnungen hatten, interessierten sich natürlich mehr für die Soldaten als für die Künstler und Gelehrten, wie Schadow oder Schleiermacher, die manchmal zu sehen waren. Noch interessanter aber waren die abendlichen Erzählungen des Vaters, eines aus Pommern kommenden Maurers, der im Gefolge des Prinzen Wilhelm, eines Bruders des Königs, zwischen Paris und Tilsit viel kennengelernt hatte und farbig von Siegen und Niederlagen, fremden Völkern und ihren Sitten zu erzählen verstand. Als sogenannter Bereiter des Prinzen war er für dessen Pferde zuständig, wohnte deshalb auch bei den Ställen, mit Frau und fünf Kindern, von denen zwei frühzeitig starben, in einer Stube. Die dazugehörige Küche mußte mit einer anderen Familie geteilt werden, was Anlaß zum Dauerzank zwischen den Hausfrauen gab.

Gutzkows Mutter konnte zwar lesen, aber nicht schreiben, und ihr über die häusliche Sphäre hinausgehendes Wissen bestand aus einem »kleinen Hausschatz an Kinderliedern, mit denen sie ihre Lieben zu wahren Paradiesesträumen einzusummen verstand«. Sie hatte keine Vorstellung von der Größe der Erde und der Verschiedenheit der Menschen. »Sie konnte in aller Gelassenheit fragen, ob denn in Wien auch eine Spree wäre.« Aber innerhalb ihres engen Horizontes wußte sie besser als jeder andere Bescheid.

Ihr Sohn Karl hatte die Möglichkeit, diese beschränkten Verhältnisse zu verlassen, dem Umstand zu danken, daß die kümmerliche Behausung, in der er aufwuchs, von Wohnungen wohlhabenderer Leute umgeben war. Gutzkow zählt einige auf, die in der Nachbarschaft wohnten: Bode, der Astronom, Osann, der Mediziner, Hufeland, Leibarzt des Königs, und schließlich auch ein Maler, Karl Friedrich Minter, der vor allem Porträtist war, auch ein Bild Friedrich Wilhelms III. gemalt hat und später nach Warschau ging. Dessen Sohn wurde Gutzkows Spielgefährte, und durch ihn kam er in die Malerfamilie, wo man seine Begabung erkannte und ihn am häuslichen Unterricht der Kinder wie auch am gesamten Familienleben teilnehmen ließ.

Auf diese Weise wurde es dem Jungen aus dem Kutschstall möglich, am nahen Friedrichwerderschen Gymnasium sein Abitur abzulegen, an der noch näheren Universität zu studieren und mit dem glänzend bestandenen Examen einen Bildungsgang zu vollenden, der sich auf dem engen Raum der preußischen Prachtstraße und ihrer Umgebung abspielte, aber geistig und gesellschaftlich ins Weite führte. Die hier in der Kindheit erlebte Diskrepanz zwischen dem gesellschaftlichen Hoch und Niedrig, die durch die räumliche Nachbarschaft von Palästen und dürftigen Kutscherwohnungen anschaulich wurde, geriet beim Autor Gutzkow nie in Vergessenheit.

Kranzler und Bauer

Dort etwa, wo die Charlottenstraße und die vom Oranienburger Tor im Norden kommende und zum Halleschen Tor im Süden führende Friedrichstraße, an deren Länge man sich nach Heinrich Heine »die Idee der Unendlichkeit veranschaulichen« könnte, die Linden schneiden, verlief früher die Grenze zwischen dem königlich-offiziellen Teil der Allee und dem zivilen, in dem Bürger und Aristokraten wohnten, Cafés und Läden Kunden anlockten und vornehme Hotels mit großen Namen prunkten, wie nahe der Friedrichstraße das Hotel de St. Petersbourg und das Hotel de Rom.

Das Erster-Klasse-Hotel de Rom, Ecke Charlottenstraße, das seit 1775 mit 50 Gästezimmern bestanden hatte, 1876 aber zu einem Haus mit 200 Zimmern umgebaut wurde, war vom Berliner Schulrat Meddelhammer, in Fontanes wenig bekannten Plaudereien über das Reisen, als Urlaubsziel auserwählt worden, nachdem er sich im Gespräch mit der Frau über die Urlaubsplanung klargemacht hatte, daß »geborene Berliner«, die ein Leben lang in Berlin leben, die Sehenswürdigkeiten der Stadt selten kennen und daß »diesem Nonsens endlich ein Ende« gemacht werden müsse. Sie packten also am selben Abend ihre Koffer, fuhren »um 10 Uhr abends, wo der große Pariser Zug ankommt, beim Hotel de Rom vor«, ließen sich wie vornehme Leute den Tee aufs Zimmer bringen und sahen »noch anderthalb Stunden lang aus dem Fenster. Es war entzückend. Über die Linden weg, ... schimmerten die hohen, erleuchteten Fenster von der Passage her, und alles wirkte wie spanische Nacht und Alhambra.«

Das Hotel de Rom oder Stadt Rom, ein Bau von 1775, stand auf der Nordseite der Linden, Ecke Charlottenstraße. Es wurde 1876 abgerissen, um einem größeren, aber nicht schöneren Bau Platz zu machen. Die bescheidene Ausstattung des alten Hauses genügte den gewachsenen Ansprüchen nicht mehr. Der Photograph dieses Bildes von 1870 war J. F. Stiehm.

Statt sich in italienischen Kirchen und Palästen die Füße wundzulaufen, konnten sie bequem im Kupferstichkabinett sitzen und Botticellis herrliche Zeichnungen zu Dante bewundern. Sie hatten nun endlich mal Zeit für die Nationalgalerie und das Alte Museum, in das sie bisher nicht gekommen waren. Und jeden Nachmittag aßen sie Eis bei Kranzler, fühlten sich als angebliche Fremde in Berlin so wohl wie nie in der Fremde und hätten nun, wie Fontane an anderer Stelle es tut, ein Gedicht von Karl Simrock zitieren können, in dem es heißt:

Das Hotel Stadt Rom, das nun Grand Hotel de Rom hieß, im Jahre 1886 in einer Aufnahme von F. Albert Schwartz. Das Gebäude reichte in der Charlottenstraße von den Linden bis an die Mittelstraße. Statt vorher 50 bescheiden eingerichteten Zimmern, gab es nun 200 mit allem Komfort.

»In Rom, Athen und bei den Lappen,
Da spähn wir jeden Winkel aus;
Indes wir wie die Blinden tappen
In unserm eignen Vaterhaus.«

Fontane kannte sich aus an der berühmtesten aller Berliner Kreuzungen. Als Fünfundzwanzigjähriger hatte er ein Jahr in der Polnischen Apotheke in der Friedrichstraße, Ecke Mittelstraße, als Rezeptar gearbeitet, und 1882 hatte er im dritten Kapitel seines »Schach von Wuthenow« genau beschrieben, wie die Gäste der Frau von Carayon zu nächtlicher Stunde aus der Behrenstraße kommend die paar Schritte die Friedrichstraße hinauf zu den Linden machen, wo gleich rechts die »Italiener-Wein und Delikatessenhandlung Sala Tarone« die der Polizeistunde wegen schon verschlossenen Türen noch einmal öffnet und der kleinen Gesellschaft in der hinterm Hof liegenden Frühstücksstube, wo um Mitternacht die meisten Gäste sitzen, eine Maibowle kredenzt.

Wie wir von E.T.A. Hoffmann wissen, befand sich im gleichen Hause, in dem die Italienerwaren von Sala Tarone verkauft und serviert wurden, der Laden der damals in besseren Kreisen berühmten Lackierfabrik Stobwasser, eines kunstgewerblichen Familienunternehmens, das Friedrich der Große von Braunschweig in die preußische Hauptstadt geholt hatte, wo es etwa ein Jahrhundert lang prächtig gedieh. Es produzierte Luxusgegenstände, wie Pfeifenköpfe, Kaminschirme, Servierbretter, Kleinmöbel, Kästchen und Dosen, die qualitätsvoll bemalt und durch haltbare Schichten von Klarlack geschützt waren. Besonders beliebt waren Stobwassersche Schnupftabakdosen, an denen nicht nur König Friedrich Bedarf hatte und die auch, nach seinem Vorbild, gesammelt wurden. Die Fabrik, sie stand in der Wilhelmstraße, unterhielt eine eigene Malschule, in der den Miniaturmalern sowohl das Kopieren niederländischer und italienischer Gemälde als auch das Ausführen eigener Entwürfe, wie Genreszenen, Landschaften und amouröse Themen, beigebracht wurde. Vierhundert Leute etwa beschäftigte das Unternehmen in seiner Blütezeit. E.T.A. Hoffmann läßt in der »Brautwahl« einen Kommissionsrat sich als Kunstkenner fühlen, weil er »die lackierten Teebretter, Ofenschirme und dergleichen im Stobwasserschen Laden Unter den Linden, die er jeden Morgen um elf Uhr, wenn er bei Sala Tarone vier Sardellen gegessen und ein Gläschen Danziger genommen, mit wahrem Entzücken betrachtete. Diese Kunstfabrikate galten ihm als das höchste, was jemals die Kunst geleistet.«

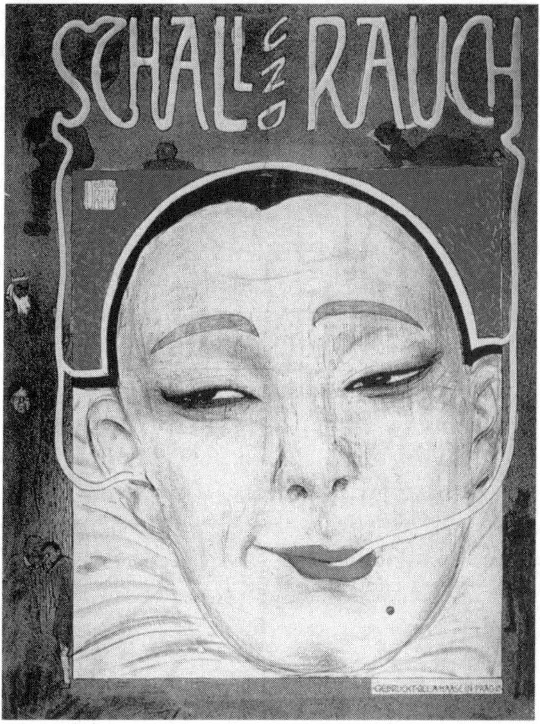

Plakat für das im Januar 1901 von Max Reinhardt und anderen Unter den Linden gegründete Kabarett »Schall und Rauch« von Emil Orlik.

Dieser westliche Teil des Boulevards war also vor allem gemeint, wenn von den Linden als Vergnügungsort und Treffpunkt die Rede war. Hier, und zwar an der nordöstlichen Ecke der Friedrichstraßenkreuzung, wo heute das aus DDR-Zeiten stammende Hotel »Unter den Linden« auf sein baldiges Ende wartet, eröffnete Max Reinhardt mit dem Kaberett »Schall und Rauch« sein später so genanntes »Kleines Theater«, in dem er mit der deutschen Erstaufführung von Maxim Gorkis »Nachtasyl« Aufsehen erregte. Hier spazierten in Walter Kollos populärem Lied aus den zwanziger Jahren »die Mägdelein«, die auf der kurzen Strecke zwischen dem Café Bauer und dem Pariser Platz ihren Schatz finden konnten. Hierhin versetzte sich Detlev von Liliencron lyrisch, »um Menschen zu sehen, Bekannte zu finden« und zwischen den »märkischen Schönen« die »ganze Welt« dort zu treffen. Hier bat Heine ein »schönes Kind«, ihn doch beim unvermeidlichen Treffen Unter den Linden aus Standesrücksichten ungegrüßt zu lassen. Hier, im Gasthof zur Sonne, der sich später Russischer Hof nannte und zeitweilig auch das berühmte Eßlokal Jagor beherbergte, vor dem niederzuknien Heine alle Gourmands aufforderte, stieg möglicherweise Goethe ab, als er im Mai 1778 als Begleiter seines Fürsten zum ersten und einzigen Mal Berlin mit einem sechstägigen Besuch beehrte, die Oper, das Zeughaus und die Hedwigskirche besichtigte, auch zur Tafel in das Palais des Prinzen Heinrich geladen wurde und die Karschin, Anton Graff und Chodowiecki besuchte. Hier, im selben Hotel, wohnte Schiller, als man ihn 1804 in Berlin begrüßen konnte, die Königin Luise ihn mit einem festlichen Essen ehrte, Prinz Louis Ferdinand ihn empfing und die ganze Stadt ihn in der Hoffnung feierte, ihn bald für immer nach Berlin locken zu können.

Sich Unter den Linden sehen zu lassen hieß, sich der Öffentlichkeit zu zeigen. Als F.A.L. von der Marwitz aus Friedersdorf und Graf Finckenstein aus Alt Madlitz 1811 als Reformgegner verhaftet und auf die Festung Spandau geschickt wurden, legten sie Wert darauf, nachmittags in offener Kutsche über die Linden gefahren zu werden, weil so jedermann sehen konnte, welch Unrecht ihnen geschah …

E.T.A. Hoffmann, der Berliner aus dem ostpreußischen Königsberg, der für die deutsche Literatur das Gespensterhafte der Großstadt entdeckte, läßt etliche seiner Gestalten bei schönem Wetter den Weg über die Promenade der Linden zum Tiergarten hin nehmen, zum Beispiel gleich am Anfang seines literarischen

Dieses Selbstporträt E. T. A. Hoffmanns, eine Kreidezeichnung aus seinen letzten Lebensjahren, ist nach Aussage seines ersten Biographen, Julius Eduard Hitzig, das ähnlichste aller von ihm existierenden Bilder.

Werkes in der Erzählung vom »Ritter Gluck«. Da erlebt man vor dem Brandenburger Tor ein buntes Gemisch von Spaziergängern: »Elegants, Bürger mit der Hausfrau und den lieben Kleinen in Sonntagskleidern, Geistliche, Jüdinnen, Referendare, Freudenmädchen, Professoren, Putzmacherinnen, Tänzer und Offiziere«. Sie alle, die sich hier beim Sehen und Gesehenwerden amüsieren, sind Beispiele für die damals beginnende Vermischung der Stände, von der der Kleinstädter Jean Paul so überrascht und entzückt worden war. Prinz Louis Ferdinand konnte hier neben dem Handwerkersohn Tieck im Salon der Jüdin Rahel verkehren. Und Unter den Linden wohnten neben den Adligen auch viele bürgerliche Hoteliers, Ladenbesitzer, Kunsthändler und Konditoren. Wohlhabend und vornehm mußten die aber schon sein.

In Hoffmanns Erzählung »Das öde Haus« wird dieser westliche Teil der Linden als ein Ort der Pracht und des Reichtums beschrieben, und das Zedlitzsche »Conversationshandbuch« von 1834 nennt ihn den »Centralpunkt der eleganten Welt«. Hier ist, so heißt es im »Öden Haus«, »der Sammelplatz des höheren, durch Stand oder Reichtum zum üppigeren Lebensgenuß berechtigten Publikums. In dem Erdgeschoß der hohen, breiten Paläste werden meistenteils Waren des Luxus feilgeboten, indes in den obern Stockwerken Leute der beschriebenen Klasse hausen. Die vornehmsten Gasthäuser liegen in dieser Straße, die fremden Gesandten wohnen meistens darin, und so könnt ihr denken, daß hier ein besonderes Leben und Regen, mehr als in irgendeinem anderen Teile der Residenz, stattfinden muß, die sich hier volkreicher zeigt, als sie es wirklich ist. Das Zudrängen nach diesem Orte macht es, daß mancher sich mit einer kleineren Wohnung, als sein Bedürfnis eigentlich erfordert, begnügt, und so kommt es, daß manches von mehreren Familien bewohnte Haus einem Bienenkorbe gleicht.«

Daß die von Hoffmann nebenbei erwähnten Freudenmädchen in der Straße Unter den Linden unter den Müßiggängern und Fremden ein bevorzugtes Betätigungsfeld fanden, ist in zeitkritischen Schriften vielfach bezeugt. Besonders reich an ihnen war das ausgehende 18. Jahrhundert, als nach dem Tod Friedrichs des Großen der Thronfolger, Friedrich Wilhelm II., den Berlinern einen erotisch ausschweifenden Lebenswandel vormachte und so, glaubt man den teils sehr plumpen Satiren, die ganze Stadt moralisch verdarb. In dem »Gemälde von Berlin, Potsdam und Sanssouci«, einem 120 Seiten starken Büchlein

Auf einer Gesamtdarstellung der Linden von 1820 ist E. T. A. Hoffmanns »Ödes Haus« neben der Konditorei Fuchs genau zu sehen. Sogar die Bank, von der aus der Erzähler die unheimlichen Vorgänge im Hause beobachtet, steht davor.

eines Justus Conrad Müller, das angeblich in London, in Wirklichkeit aber 1792 in Nürnberg gedruckt wurde, kann man zum Beispiel von »gewissen Geschöpfen« lesen, die am Abend die Linden bevölkern, auf den Bänken der Mittelpromenade sitzen und sich »ohne Scham und Ehrbarkeit den Vorübergehenden anbieten«, wozu sie aber, wie der Verfasser erkennt, nicht der »Geschlechtstrieb«, sondern das »Bedürfnis des Magens« treibt.

Unter den damals zahlreich entstandenen, oft als Tanzsäle getarnten Bordellen hatte besonders das der Madame Schubitz mit den Linden zu tun. Es lag in der Nähe, nämlich in der Behrenstraße, firmierte als Kaffeeausschank und gehörte einer höheren Klasse dieser Einrichtungen an. »Selbst Prinzen ohne Inkognito« zählten zu seinen Gästen, so heißt es im 1788 anonym erschienenen »Schattenriß von Berlin«, war mit »kostbaren Mobilien« ausgestattet und hielt durch hohe Preise das gemeine Publikum ab. Madame Schubitz war »auf anständige Art unterhaltsam und gesprächig«, achtete »auf Sauberkeit und Ordnung« und begegnete nicht nur ihren Gästen, sondern auch ihren »Kostgängerinnen mit Achtung«. Sie fuhr ihre eigene, mit ihrem Namenszuge versehene Equipage, kleidete ihre Kutscher, Diener und Türsteher in »geschmackvolle Livreen« und hatte ihre eigene Loge im Schauspielhaus. Ihre Mädchen waren stets vornehm gekleidet, so daß sie Unter den Linden nur von Kennern als das, was sie waren, erkannt werden konnten. Vor allem reiche Fremde lockten sie von der Promenade weg in ihre »Feenhütte«. Niemand könne der Schubitz nachsagen, heißt es im »Schattenriß«, daß sie jemals »öffentliches Ärgernis erregt hätte. Die Vögel, die sie rupft, fliegen meistenteils wieder davon und lassen nur etliche Federn zurück. In diesem Punkte ist die Frau für die große Residenzstadt ein Glück …«

In den etwa hundert Jahren, die zu Hoffmanns Zeiten seit der Erstbebauung dieses Abschnitts der Linden vergangen waren, war immerfort umgebaut, abgerissen und neugebaut worden, und da diese Praxis in den folgenden Jahrzehnten und Jahrhunderten, unterstützt durch die Kriegsschäden, fortgesetzt wurde und sich teilweise auch der Verlauf der Nebenstraßen veränderte, sind Sehenswürdigkeiten älteren Datums hier rar geworden, und es fällt schwer, sich zu merken, wo der Standort ehemals bedeutsamer Bauten gewesen ist. Erschwert wird die historische Orientierung durch die manchmal vorgenommene Zusammenlegung von Grundstücken und den 1937 erfolgten Wechsel der Hausnumerierung, die vorher, den Pariser Platz und die Plätze an Oper und Zeughaus nicht einbeziehend, auf der Südseite im Westen, beim heutigen »Adlon« also, mit 1 begonnen hatte, um, auf derselben Straßenseite bleibend, mit Nummer 37 das Palais des Prinzen Wilhelm zu erreichen und auf der Nordseite, mit der Akademie als 38 beginnend, wieder nach Westen zurückzulaufen bis zur Nummer 78, der Ecke zum Pariser Platz.

In diesem Eckhaus, Nummer 78, wo heute unter der Num-

Karl Varnhagen von Ense 1839. Zeichnung von Samuel Friedrich Diez.

mer 80 ein sechsstöckiger Bau mit Läden, Büros und einigen Wohnungen sich erhebt, stand im 19. Jahrhundert ein Palais, das mehrmals seine Besitzer wechselte, von Stüler im Auftrag des neugeadelten Bankiers Wilhelm Christian Benecke von Gröditzberg vergrößernd umgebaut und als Mietshaus genutzt wurde. Hier wohnten um 1850, neben dem schlesischen Eigentümer, der hier sozusagen seine hauptstädtische Absteige hatte, der Gesandte des Königreichs Belgien, ein Herzog von Ratibor, ein Graf Putbus, ein Fürst von Carolath-Beuthen, aber auch ein Büchsenmacher, ein Schankwirt und ein königlicher Lakai.

Das »öde Haus«, das Hoffmann vier Jahrzehnte vorher zu der gleichnamigen Erzählung angeregt hatte, stand, als Nummer 9, auf einem Grundstück, das heute zu dem ausgedehnten Gelände der Russischen Botschaft gehört. Es war wohl noch ein

Haus aus den Zeiten des Soldatenkönigs, das sein adliger Besitzer vernachlässigt hatte und das bald nach Hoffmanns Tod einem größeren Bau weichen mußte. Im Nebenhaus, der Nummer 8, machte zu Hoffmanns und Heines Zeiten eine Konditorei gute Geschäfte, die auch im »Öden Haus« unter ihrem tatsächlichen Namen, Fuchs, erscheint. Der Erzähler trinkt in ihr eine heiße Schokolade und zieht dabei Erkundigungen über die Geschichte des unheimlichen Hauses ein.

Die Konditorei Fuchs, vor deren Besuch Heine warnte, weil sie hohe Preise für altes Gebäck verlange, nur Zeitungen von vorgestern biete und keine schönen Servierfräulein habe, war auch berühmt durch ein Spiegelzimmer, das Hoffmann für seine Erzählung »Die Irrungen« nutzte, das Heine dagegen zu der Bemerkung veranlaßte, essen könne er Spiegel nicht.

Im biedermeierlichen Berlin hatte der Konditor Fuchs etwa einhundert Konkurrenten, mehrere davon im westlichen Abschnitt der Linden und den benachbarten Straßen, eine am Schloßplatz und eine, die berühmteste namens Josty, an der Stechbahn. Alle verkauften Backwaren, Eis, Marzipan und kandierte Früchte, wurden in der Vorweihnachtszeit durch glänzende Ausstellungen, in denen sie ihre Zuckerwerkskünste durch Nachstellung von Hoffesten oder auch Alltagsszenen zeigten, zu besonderen Anziehungspunkten, hatten einen Ausschank für Kaffee, Tee und Schokolade und hielten sich teilweise Lesekabinette mit vielen, auch auswärtigen Zeitungen, durch die sie im Vormärz dann auch politisch bedeutsam wurden. Denn viele an Politik Interessierte, die nach unzensierten Nachrichten suchten, trafen sich hier.

In den Tagebüchern Karl Varnhagens von Ense, des Berliner Chronisten jener Jahrzehnte, wird die Zeitungslektüre in der Konditorei Kranzler, die sich 1825 auf der Südseite der Linden, an der Ecke Friedrichstraße, etabliert hatte, immer wieder erwähnt. Manchmal wird der Konditoreibesuch zur Enttäuschung, weil sich alle Zeitungen schon »in Leserhand befinden«,

Die Konditorei Kranzler auf der Südseite der Linden, Ecke Friedrichstraße, im Jahre 1901. Eröffnet hatte der Wiener Johann George Kranzler seine Konditorei 1825 im Erdgeschoß dieses Eckhauses, das er 1834 von August Stüler umbauen und aufstocken ließ. Im Mai 1944 wurde das Haus durch Bomben zerstört.

meist aber findet Varnhagen doch in den Hamburger, Kölner oder auch Breslauer Blättern Nachrichten, die man in Berlin nicht zu drucken wagt. Denn die Zensur in Österreich und Preußen nach den Karlsbader Beschlüssen, 1819, wurde zwar für alle späteren staatlichen Publikationsbeschränkungen Vorbild, aber die Perfektion, die dann das 20. Jahrhundert in dieser Hinsicht entwickeln sollte, erreichte sie auf Grund der politischen Zerrissenheit Deutschlands noch nicht.

Da sich in den Lesecafés die kritischsten Köpfe trafen, war hier in den Vormärztagen der Ton freier als anderswo. Varnhagen, den anscheinend jeder Linden- oder Tiergartenspaziergang zu Kranzler führte, gab im Tagebuch manches Café-Gespräch wieder, an dem sich die Stimmung der Berliner ablesen ließ. Da konnte er vor den achtundvierziger Märztagen viel Kritisches über den König und die Regierung hören. In den Revolutionstagen selbst blieb ihm Kranzler verschlossen, da in der Friedrichstraße Barrikaden gebaut wurden. Nach der Revolution konnte er ein Gespräch von Stabsoffizieren belauschen, die Genaueres über die Flucht des Prinzen Wilhelm nach England wußten. Er beobachtete hier die jungen Offiziere, die sich wie die Karikaturen aus dem »Kladderadatsch« benahmen, voll »alberner Hoffahrt und jammervoller Leerheit« waren, »nichtige Prahlereien« von sich gaben und im Sommer »haufenweise« an den Tischen vor der Konditorei saßen, »die Füße auf das Gitter legten und den Vorübergehenden die schmutzigen Stiefelsohlen zeigten«. – »Die Zeitungen rügten diese Offizierslümmel. Jetzt meint man aber, es sei nicht anständig, daß Offiziere sich dort so gemischt mit Bürgervolk öffentlich zur Schau stellten.«

Offensichtlich aber richteten sich die Leutnants nicht nach der Meinung der Presse; denn als Anfang der sechziger Jahre der aus Neuruppin gebürtige Berliner Theodor Fontane den Husumer Theodor Storm zu Gast hatte und beide nach einem Tiergartenspaziergang »an der berühmten Ecke« bei Kranzler einkehrten, saßen wieder gleich vorn »Gardekürassiere«, die sich

Diese Federlithographie von Theodor Hosemann von 1842 zeigt einen für den Vormärz so typischen Zeitungsleser in einer Konditorei.

über den nicht kranzlermäßig gekleideten Storm amüsierten, was Fontane sehr peinlich war. Er wäre mit dem Provinzler lieber zu Schilling in die Friedrichstraße gegangen, wo es weniger vornehm war.

Weniger vornehm ging es auch zu bei Stehely am Gendarmenmarkt, in der Charlottenstraße, wo sich die Journalisten und Politiker trafen, oder bei Spargnapani, einem Lesecafé auf der Nordseite der Linden, das von Literaten und Gelehrten bevorzugt wurde, so auch von Julius Rodenberg in seinen jungen Jahren, der eindrucksvoll vom Kampf der Kunden um die neuesten Zeitschriften zu berichten weiß. »Das kleine Regal, welches alle diese Schätze barg, war stets belagert, und man betrachtete jeden, der davorstand, als seinen persönlichen Feind. Man wußte genau, mit wem man den Kampf aufzunehmen habe, ... und hatte man das Unglück, eine Minute später einzutreffen als er, so mußte man sich damit begnügen, den Sieger nicht mehr aus den Augen zu lassen. Und es waren keine freundlichen Blicke, die man ihm zuwarf. Schlimmer noch aber war der Kampf um die Tageszeitungen; hier galt die nackte Gewalt und das Faustrecht. ... Denn hier saßen die Leute auf den Zeitungen, die sie lesen wollten, nachdem sie ihre Tasse Kaffee getrunken und ihr Stück Kuchen gegessen hatten. Andere waren auch da, die noch weitergingen: Sie hatten zwei Zeitungen vor sich, die sie lasen, und zwei Zeitungen, die sie lesen wollten, unter den Armen und zwischen den Knien, und sie hüteten diesen ihren Raub mit der Wildheit des Tigers, weswegen sie Zeitungstiger hießen«, und von diesen gab es welche in jeder Konditorei.

Die Kultur der Kaffeehäuser, die in Berlin, im Gegensatz zu der der Kneipen, nie dauerhaft heimisch wurde und heutzutage wohl endgültig ihr Leben aushaucht, wurde von Wiener und Schweizer Konditoren hierhergebracht. Im Biedermeier kam Kranzler, in den Gründerjahren der noch erfolgreichere Matthias Bauer, und eröffnete 1878, nach dem Umbau eines Wohnhauses, in dem einmal Wilhelm und Caroline von Humboldt gewohnt hatten, auf der anderen Ecke der südlichen Kreuzungsseite ein viel größeres, pompöseres und luxuriöseres Café als das Kranzler, mit Marmortischchen, Billardzimmern, Springbrunnen, Palmengruppen, Kristallkronen, großen, von gußeisernen Säulen gestützten Sälen, einem Lichthof, der sich über zwei Etagen erstreckte, mit Wandmalereien von Anton von Werner, die vor allem Kaiser Wilhelm II. zum Thema hatten, und einem ein-

Die großen, pompösen Wiener Cafés, wie hier das Café Bauer, verdrängten später oft die kleinen Konditoreien des Biedermeier.

malig großen Angebot von in- und ausländischen Zeitungen und Zeitschriften. Etwa 600 sollen es gewesen sein.

Daß in diesem Teil der Straße Unter den Linden kaum noch Reste der Prachtentfaltung aus Kaisers Zeiten erhalten blieben, ist vor allem dem Zweiten Weltkrieg geschuldet, daneben aber auch einem, in Berlin besonders ausgeprägten Mangel an Ehrfurcht vor dem historisch Überkommenen, wie heutzutage auch der hartnäckige, glücklicherweise aber erfolglose Widerstand gegen die aus städtebaulichen und historischen Günden notwendige Wiedererrichtung des Schlosses zeigt. Vielleicht ist das auf den immer hohen Anteil von Neuberlinern, besonders auch unter den Regierenden, zurückzuführen, mehr aber wohl auf einen allgemeinen Mangel an historischem Empfinden, der, da alle Kultur sich auf Geschichte gründet, auch ein Zeichen von Kulturlosigkeit ist.

Ohne allzusehr zu übertreiben, läßt sich von diesem Teil der Linden sagen, daß jede Generation sie sich durch Abriß und

Neuaufbau wieder erschuf. Sie war immer ein Eldorado für Architekten, die, der gerade herrschenden Mode folgend, Schinkel, dem sie sich ebenbürtig fühlten, für altmodisch hielten und so Bauten schufen, die die nächste Generation wieder abreißen konnte, ohne daß ihnen das Gewissen schlug.

Als Julius Rodenberg um 1885 über diesen Abschnitt der Linden spazierte, konnte er neue Bank- und Geschäftsgebäude entdecken, kaum aber noch Wohnhäuser aus seiner Jugendzeit. Wenn sie nicht abgerissen und durch neue ersetzt worden waren, so hatte man sie doch wenigstens umgebaut und um zwei bis drei Stockwerke erhöht. Wo früher das Hotel Russischer Hof gestanden hatte, öffnete sich nun der Eingang zur sogenannten Kaiserpassage, durch die man zur Behrenstraße, Ecke Friedrichstraße gelangen konnte, vorbei an Juwelier- und Delikatessenläden und Castans Panoptikum. Alles hatte sich inzwischen geändert. An die Stelle manchen Palais war ein Bau der Finanzherren getreten, und bei Kranzler saßen nun brave Bürger mit Frau und Kindern, selten nur Gardeleutnants, die übrigens, will man Rodenberg glauben, nicht mehr lümmelhaft und arrogant wie früher, sondern »liebenswürdig und höflich« waren und so »feingebildet« wie kaum ein Bürgersohn.

Von den wechselnden Bauetappen, die den Charakter der Linden zwischen der Friedrich- und der Wilhelmstraße immer wieder verändert hatten, sind Reste heute so gut wie nicht mehr zu finden. Was die Bomben und Granaten des Krieges übriggelassen hatten, wurde nach 1945 weitgehend beseitigt und durch Neubauten ersetzt. Der Erweiterung der sowjetischen Botschaft wurde ebenso Baugrund geopfert wie dem Durchbruch der Glinkastraße, die vorher, als Kanonierstraße, an der Behrenstraße geendet hatte. Daß aber von den Adels-Palais, die im 18. und 19. Jahrhundert die Linden und die Wilhelmstraße gesäumt hatten, nicht eines das 20. Jahrhundert überlebte, hat nicht nur mit Kriegseinwirkungen, sondern auch mit gesellschaftlichen Veränderungen zu tun.

Größer, aber nicht schöner

Im Dezember 1888, in dem Jahr also, in dem die Linden zweier kaiserlicher Sterbefälle wegen zweimal in Trauerflor gehüllt wurden, rezensierte Theodor Fontane in der »Vossischen Zeitung« das im gleichen Jahr erschienene Buch Julius Rodenbergs »Bilder aus dem Berliner Leben«, und obwohl er viel Lobendes, besonders über das Kapitel »Unter den Linden«, sagte, war Rodenberg verärgert darüber, und zwar wohl weniger des »Bummelstils« wegen, wie Fontane in einem späteren Entschuldigungsbrief vermutete, als vielmehr wegen der ausführlichen Erörterung der Frage, wie er selbst, Fontane, die Sache angepackt haben würde, hätte er den »beneidenswert glücklichen Gedanken« zu diesem Buche gehabt. Unter Schmeicheleien versteckt, gab der Rezensent damit zu erkennen, daß er enttäuscht von Rodenbergs Herangehen war. Wo dieser mit Hotels und Konditoreien, mit Goethe, Gutzkow und Gottfried Keller Kultur- und Literaturgeschichtliches in den Mittelpunkt gerückt hatte, hätte Fontane sich lieber mit anekdotenreichen Generälen, Prinzen und Palästen, mit Blücher, Wrangel und den »Grenadierblechmützen« befaßt.

Wie könne man sich als Autor, so ist bei Fontane herauszulesen, beispielsweise die schönen Geschichten um die Prinzessin Amalie entgehen lassen, die ihrem Bruder Friedrich so ähnlich war. Sie wohnte zwar im Sommer in der Wilhelmstraße, hatte ihr Winterpalais aber Unter den Linden, so daß sie heute noch manchem Geschichtskundigen einfällt, wenn er die lange, eisengitterbewehrte Front der russischen, ehemals sowjetischen Botschaft passiert.

Die in DDR-Zeiten großräumig gebaute Botschaft beansprucht sieben ehemalige Grundstücke, die Nummern 5 bis 11 alter Zählung, also auch die des »Öden Hauses« und der Konditorei Fuchs. Prinzessin Amalie, eigentlich Anna Amalia, wie die berühmte Herzogin in Weimar, bewohnte in Nummer 7 ein Palais, das ab 1805 der reichen und kunstliebenden Herzogin von Kurland, Dorothea, gehörte und in den dreißiger Jahren in russischen Besitz überging. Der Umbau zur russischen Botschaft erfolgte 1840 durch Eduard Knoblauch. Der Platz, an dem man 1950 bis 1953 die sowjetische Botschaft baute, war im Kern also durch zaristische Tradition bestimmt.

Amalie, die seit 1755 den Rang einer Äbtissin von Quedlinburg innehatte, der ihr Einkünfte sicherte, ihre Anwesenheit in dem weltlichen Stift am Harz aber nicht erforderlich machte, war die jüngste Schwester des großen Friedrich, die immer in seiner Nähe blieb. Im Gegensatz zu ihren Schwestern Wilhelmine, Friederike, Philippine, Sophie und Ulrike brauchte sie keinem ungeliebten Manne nach Bayreuth, Ansbach, Schwedt, Braunschweig oder Stockholm zu folgen, sie durfte unverheiratet in Berlin bleiben und einen Hofstaat unterhalten, der, wie ihr Stift Quedlinburg, winzig war. In einer Kulturgeschichte des preußischen Hofes müßte Amalie sowohl in dem Kapitel über die Musikliebe der Hohenzollern als auch in dem der heimlichen Liebesgeschichten vorkommen. Mit ihrem Palais Unter den Linden aber hatte beides nur am Rande zu tun.

Obwohl die Prinzessin, als Tochter des musikfeindlichen Soldatenkönigs, erst nach dessen Tode, im Alter von siebzehn Jahren, Musikunterricht nehmen konnte, beherrschte sie neben dem Klavier auch Orgel und Geige, und wie ihr ältester Bruder Friedrich, dem sie übrigens in den Gesichtszügen erstaunlich ähnelte, komponierte sie auch. Auf ihrer Hausorgel im Palais Unter den Linden spielte als Kind auch Prinz Louis Ferdinand,

Theodor Fontane. Lithographie von Max Liebermann von 1896, also zwei Jahre vor Fontanes Tod.

ihr genialischer Neffe. Bachs Sohn Carl Philipp Emanuel erhielt durch sie den nützlichen Hofkapellmeistertitel. Doch auch als Sammlerin betätigte sich die Prinzessin und ist dadurch heute besonders im Umfeld der Bachforschung bekannt. Ihre Notensammlung, die sogenannte Amalienbibliothek, die sie testamentarisch dem Joachimthalschen Gymnasium vermacht hatte, gehört seit 1914 zu den musikalischen Schätzen der Staatsbibliothek zu Berlin.

Wenn Zelter aus seinen jungen Jahren von den Schwierigkeiten, an Noten heranzukommen, berichtet, macht er auch deutlich, daß man von den Schätzen Amaliens wußte; doch wurden sie von ihr wie von einem Drachen bewacht. »Prinzeß Amalie ließ mich einmal ihre Musikalien sehen, aber nur die Titel, durch das Glas der Schränke. Ein Werk nahm sie heraus, behielt es aber in Händen und ließ mich nur hineingucken. Da griff ich aber zu, um darin blättern zu können, und sie, erschrocken, machte Augen wie Wagenräder. Es waren die Augen ihres Bruders.«

Amaliens Rolle in dem Kapitel über die heimlichen Liebschaften am preußischen Hofe ist so rührend, wie sie nur sein kann, aber leider dokumentarisch nicht ausreichend belegt. Auch spielte nur die letzte, an Tränen nicht arme Szene des Dramas in ihrem Palais Unter den Linden, die erste dagegen ein wenig weiter nordöstlich, am jenseitigen Spreeufer, im heute nur noch als Name vorhandenen Schloß Monbijou. Hier lernte, einige Jahre nach Friedrichs Thronbesteigung, die noch bei ihrer Mutter Sophie Dorothea lebende zwanzigjährige Amalie die erste und einzige Liebe ihres später so einsamen Lebens kennen, den achtzehnjährigen Günstling und Adjutanten ihres königlichen Bruders, den aus Ostpreußen stammenden Freiherrn Friedrich von der Trenck. Vor und nach dem Zweiten Schlesischen Kriege verbrachten die Liebenden wahrscheinlich einige glückliche Nächte, dann fand die Liebesromanze 1745 ein jähes Ende. Trenck wurde ohne Anklage und Urteil verhaftet und auf der schlesischen Festung Glatz als Gefangener gehalten, weil der König ihn angeblich oder tatsächlich, seiner verwandtschaftlichen Beziehungen zu dem in österreichischen Diensten stehenden Pandurenobersten Trenck wegen, der Spionage verdächtigte.

Damit begann die Tragödie der beiden, die für die Prinzessin darin bestand, kränkelnd und glücklos sehr rasch zu altern, während Trencks Leben, zwischen Freiheit und Kerkerhaft wechselnd, zu dem eines berühmten Abenteurers und Aufklärers wurde, der aber schließlich durch das Fallbeil der Aufklärungsverwirklicher starb.

Als Friedrich, wahrscheinlich auf Bitten Amaliens, Trencks

Julius Rodenberg, eigentlich Julius Levy, Journalist, Schriftsteller und Zeitschriftenherausgeber, stand zu Fontane in einem teils freundschaftlichen, teils kritischen Verhältnis. Drei Romane Fontanes erschienen zuerst in Rodenbergs Monatsschrift »Deutsche Rundschau«.

Freilassung aus Glatz anordnete, war dieser gerade auf tollkühne Art ausgebrochen und nach Österreich geflohen. Da er dort und in Rußland, also bei Preußens Feinden, Offiziersdienste leistete, wurde er nun wirklich zum Verräter, und Friedrich erwies sich zehn Jahre später als rachsüchtig, indem er ihn im nichtpreußischen Danzig unrechtmäßig festnehmen, nach Preußen verschleppen, in den Kasematten der Festung Magdeburg einsperren und nach Ausbruchsversuchen in Ketten legen ließ. Mehr als neun Jahre mußte Trenck hier in Einzelhaft leiden. Erst nach dem Ende des Siebenjährigen Krieges wurde er freigelassen, lebte, nie zur Ruhe kommend, in Österreich, in Ungarn, in Aachen, blieb immer unternehmungslustig und schrieb viel, unter anderem auch seine Memoiren, die ihn in ganz Europa berühmt machten. Er wurde zum Propagandisten der Aufklärung, zum Kämpfer gegen den Despotismus, ging als solcher nach der Revolution von 1789 nach Frankreich, ließ sich dort als Opfer der Despotie feiern, wurde dann aber im Juli 1794 von Robespierre, wieder unter Spionageverdacht, verhaftet und als eines der letzten Opfer des Terrors im Alter von achtundsechzig Jahren enthauptet. Zwei Tage später wurde Robespierre selbst auf die Guillotine geschickt.

Die Liebenden aber hatten sich niemals vergessen, und als Trenck nach dem Tode Friedrichs des Großen die Einreise nach Preußen wieder gestattet wurde, war er bald zu Besuch in Berlin. Sein erster Gang galt, wie Dieudonné Thiebault, allerdings auch nur vom Hörensagen, berichtet, dem Palais »der hohen Dame, die so verhängnisvoll in sein Schicksal eingegriffen hatte« und die er nun nach zweiundvierzig Jahren als alte, kranke Greisin wiedersah. »Die Unterredung dauerte mehrere Stunden, die unter vielen Tränen verbracht wurden.« Der hochgewachsene Leutnant vom Gardedukorps, »dessen Bild die Jahre hindurch im Herzen der Prinzessin gelebt hatte, war zum grauhaarigen Alten mit gekrümmtem Rücken geworden«, aber noch mehr entstellt war die blinde, fast bewegungsunfähige Amalie, »die einst in der Blüte ihrer Jugend von zauberischer Schönheit gewesen war«.

»Aber die Prinzessin«, so fährt Thiebault fort, »hatte einen starken Geist. Sie gewann es über sich, ihren Jugendgeliebten nach seinen Verhältnissen und seinen Kindern zu fragen. Sie versprach ihm, für seine Kinder etwas zu tun. Dann nahmen sie Abschied, um sich niemals wiederzusehen.« Denn die Prinzessin, die wohl auch ihren Bruder Friedrich nicht lange überleben wollte, starb wenige Wochen darauf.

Ihr Palais aber ging, wie schon gesagt, später in den Besitz der

Prinzessin Amalie von Preußen, die Schwester Friedrichs des Großen, etwa zur Zeit ihrer Liebesgeschichte mit Trenck. Zeigenössischer Stich.

Herzogin Dorothea von Kurland über, die sowohl ihr Sommerschlößchen im sächsischen Löbichau als auch ihr Winterpalais Unter den Linden Nummer 7 für eine Geselligkeit auf hohem Niveau öffnete und damit den bürgerlichen Salons insofern Konkurrenz machte, als sich auch bei ihr die Stände mischten, da geistige Bedeutung mehr galt als gesellschaftlicher Rang. Da konnten bei Tisch Henriette Hertz oder August Wilhelm Schlegel neben den Prinzen Louis Ferdinand oder August sitzen; und die teils bewunderte, teils als strapaziös empfundene Madame de Staël, die bei ihrem Berlin-Aufenthalt im Sommer 1804 vor allem nach Repräsentanten des deutschen Geistes verlangte, weil

TRENCK
Fridrich freyherr von der Trenck
K.K. Major der Cavall: in seiner 10 Jährigen
Gefängnis und 68 Pfündigen Fesseln in
Magdeburg

diese ihr für ihr geplantes Buch »De l'Allemagne« den Stoff liefern sollten, traf bei den Gesellschaften der Herzogin fast alle von ihr gewünschten Personen an.

Zwei Jahre später schon, im Herbst 1806, aber endete diese glanzvolle Periode des Hauses. Die Herzogin flüchtete, wie die Hofgesellschaft, vor den napoleonischen Truppen nach Osten, und im Palais mit der Nummer 7 residierte jetzt General Hulin, der französische Stadtkommandant.

Alle Berichte von den oft bescheidenen, aber meist schön gestalteten Palästen, die einst die westlichen Linden säumten, müssen uns heute melancholisch stimmen, weil keine Spur der Bauten erhalten blieb. Schon das baufreudige 19. Jahrhundert hatte wenige von ihnen in den alten Formen belassen, und der immer wieder in Berlin grassierende Wahn, größer und pompöser bauen zu müssen, wie wir ihn auch heute am Potsdamer Platz, am Bundeskanzleramt und am Holocaust-Denkmal erleben, war auch damals schon rege und machte selbst vor künstlerisch bedeutenden Hinterlassenschaften nicht halt. Als 1906 der aus Mainz kommende Hotelier Lorenz Adlon sein großes Hotel erbaute, mußten gleich zwei historisch bedeutsame Häuser modernem Luxusbedürfnis weichen, darunter ein Schinkelbau.

Die Nummern 1 und 2 alter Zählung, die auf der Südseite der Linden den schmalen Abschnitt zwischen dem Pariser Platz und der Wilhelmstraße besetzten, waren zu Zeiten Friedrich Wilhelms III. und IV. für das kulturell-gesellschaftliche Leben Berlins wichtige Adressen, Nummer 1, mit der Front zum Pariser Platz, gehörte dem Grafen von Redern, Nummer 2 aber, auf die

Titelkupfer der ersten Ausgabe von Trencks Memoiren 1787, die folgenden Titel trugen: »Des Friedrich Freiherrn von der Trenck merkwürdige Lebensgeschichte. Von ihm selbst als ein Lehrbuch für Menschen geschrieben, die wirklich unglücklich sind oder noch gute Vorbilder für alle Fälle zur Nachfolge bedürfen.«

Wilhelmstraße gerichtet, war von 1818 bis 1829 zur gemieteten Wohnung des Herzogs von Cumberland geworden, der trotz drückender Schulden mit Hofstaat und Equipage auf großem Fuße lebte und gern Gäste in seinem Hause sah.

Der Hannoveraner Ernst August, der als Sohn Georgs III. von Großbritannien den Titel eines Herzogs von Cumberland führte, sich 1837 als König von Hannover durch die Aufhebung der Verfassung bei den Liberalen verhaßt machte und so den Widerstand der berühmten Göttinger Sieben provozierte, war seit 1815, als dritter Ehemann, mit der jüngsten der drei Schwestern der Königin Luise verheiratet, mit Friederike, geborene Prinzessin von Mecklenburg-Strelitz, verwitwete Prinzessin Ludwig von Preußen, geschiedene Prinzessin von Solms-Braunfels, die bald nach ihrer Rückkehr nach Berlin mit einundvierzig Jahren ihr letztes Kind, Georg (V.), zur Welt brachte und am Ende ihres bewegten Lebens, mit fast sechzig Jahren, schließlich Königin von Hannover war.

Durch sie, die Zelter in seinen Briefen an Goethe als beider Freundin bezeichnete, wurde das Haus an der Ecke der Wilhelmstraße zu einem Geselligkeitszentrum der besseren Kreise Berlins. »Ohne viele große Feten zu geben«, schreibt Caroline von Rochow in ihren Erinnerungen, »bildete es den Sammelplatz für die adlige Jugend«, doch fanden sich hier auch »alle bedeutenden Persönlichkeiten aus dem literarischen, dem künstlerischen und dem Staatsleben« ein. Es gab »Lektüre und Diskussionen über alle Gebiete des Lebens«; Friederikes Bruder, Prinz Karl von Mecklenburg-Strelitz, war ein guter Unterhalter, und sie selbst, die viel erlebt hatte, wußte das Erlebte lebendig wiederzugeben. Und doch waren es, wie Caroline von Rochow meinte, nicht in erster Linie sie und ihr Mann, die die Leute anzogen, sondern vielmehr die Gäste des Hauses, obenan Friedrich Wilhelm (IV.), der Kronprinz, der bekanntlich eine starke künstlerische Ader hatte und an dessen »Geist und Charakter sich alle Hoffnungen knüpften. Der Kronprinz war damals die

Prinzessin Amalie von Preußen, Äbtissin von Quedlinburg, im Alter. Bleistiftzeichnung von Adolph Menzel.

Mode ... und wehe dem, der nicht mit bewundernder Erwartung auf ihn sah.« Zelter aber, der im Cumberlandschen Hause immer ein musikbegeistertes Publikum finden konnte, war entzückt von Friederike, und er konnte ebenso mit ihr von Goethe schwärmen wie mit Goethe von ihr.

Wie schon Heines lustige Klagen über die »Freischütz«-Begeisterung zeigten, gab es im biedermeierlichen Berlin viele Musikenthusiasten, und zwar sowohl am königlichen Hofe wie in Adel und Bürgertum. Das Konzertleben war im öffentlichen und privaten Rahmen rege; Sängerinnen, wie zum Beispiel Henriette Sontag, wurden vergöttert; viele Dilettanten komponierten; und in allen Ständen wurde ernsthaft und oft auf hohem Niveau musiziert. An der Singakademie und in Zelters Liedertafel waren auch Mitglieder aus höchsten Kreisen beteiligt, wie Fürst Radziwill zum Beispiel, der nicht nur durch seine Förderung Chopins und Beethovens in die Musikgeschichte einging, sondern auch durch die von ihm komponierte Bühnenmusik zum »Faust«. Bei Konzerten in seinem Palais in der Wilhelmstraße war oft auch die königliche Familie anwesend, deren jüngere Mitglieder häufig auch an Liebhaberaufführungen mitwirkten, so auch an der denkwürdigen ersten, allerdings nicht vollständigen »Faust«-Aufführung am 24. Mai 1819 im Schloß Monbijou. Den Mephisto dieser Welturaufführung spielte Prinz Karl von Mecklenburg-Strelitz, der Halbbruder der neun Jahre zuvor gestorbenen Königin Luise – worauf dann seine Feinde oder Kritiker oder Neider den Spottvers verfaßten:

»Als Mensch, als Fürst, als Feldherr schofel,
Vortrefflich nur als Mephistophel.«

Zu den dilettierenden Komponisten gehörte später auch Graf Wilhelm von Redern, der 1802 geborene Abkömmling einer in der Uckermark begüterten Adelsfamilie, die seit 1795 das Palais Nummer 1 Unter den Linden besaß. Durch ihn, der es schon im

Das Palais des Grafen Wilhelm von Redern, ein Werk Schinkels von 1833, stand bis zum Bau des Hotels Adlon Unter den Linden Nummer 1 (der alten Zählung), Ecke Pariser Platz. Nach dem Tod des kinderlosen Grafen fiel das Palais 1883 an seinen gleichnamigen, als Spieler mit Schulden bekannten Neffen, der es kaum bewohnte und teilweise vermietete. Die Photographie von Georg Bartels entstand 1905.

Alter von sechsundzwanzig Jahren zum Generalintendanten der Königlichen Bühnen brachte und von dem Fontane zu wissen glaubte, daß er »eine Bildergalerie samt zehn verschuldeten Rittergütern besaß und eine Hamburger Millioneserin heiratete, um die gestörte Gütersache wieder in Ordnung zu bringen«, wurde das Eckhaus am Pariser Platz zu einer Stätte der Musen und, nach seinem Umbau durch Schinkel, zu einem architektonischen Juwel.

Der barocke Bau, den 1795 der Vater des Generalintendanten gekauft hatte, stammte noch aus der ersten Hälfte des 18. Jahrhunderts, als Friedrich Wilhelm I., nach Schenkung des Grundstücks, seine Adligen zum Bauen gezwungen hatte, und er war, den begrenzten Mitteln der Bauherren entsprechend, relativ schlicht. Schinkel, der schon am Gendarmenmarkt mit der Stellung seines antikisierenden Schauspielhauses zwischen den barocken Türmen der beiden Dome das Zusammenwirken verschiedener Stilarten glücklich erprobt hatte, stellte nun, 1829, der klaren Säulenreihe des Brandenburger Tores mit seinem Palais Redern einen den Aristokratenpalästen von Florenz nachempfundenen ernsten und geschlossenen Renaissancebau gegenüber, der sich gegen die Macht des Tores behaupten konnte, sie aber nicht schwächte, wie später der Riesenbau des Adlon. Hätte er, wie er vorhatte, einen ähnlichen Bau auf der anderen, der nördlichen Ecke errichten können, wäre dem Pariser Platz eine Geschlossenheit gegeben worden, wie er sie nie hatte und auch heute, nach der völligen Neuerrichtung, nicht hat.

Schinkel, der übrigens von 1823 bis 1836 im Haus Nummer 4a der Linden, also nicht weit von seiner Baustelle, wohnte, gestaltete dem Grafen Redern auch die Innenräume, zu denen ein Tanzsaal, eine Bildergalerie und eine Bibliothek gehörten, die teils gewölbte, teils flache Decken hatten und durch wechselnde dezente Farbgebung eine würdige Einfachheit und Leichtigkeit bekamen, die die Zeitgenossen zu schätzen wußten, die aber den nächsten Generationen, die dazu neigten, durch Pomp ihren Reichtum zu zeigen, als altmodisch galten, dem neuen mächtigen Reich nicht gemäß. Als deshalb gegen Ende des Jahrhunderts der Erbe des Generalintendanten seiner hohen Spielschulden wegen das Haus erst an einen Kunsthändler vermieten und schließlich an Lorenz Adlon verkaufen mußte, regte sich kein Protest gegen den Abriß; er erfreute sich vielmehr höchster Protektion.

Lorenz Adlon, ein aus Mainz stammender gelernter Kunsttischler, den der Umgang mit reichen Leuten zum Wechsel in die feinere Gastronomie veranlaßt hatte, war als Betreiber zweier Berliner Restaurants mit französischer Küche zu Geld gekommen und hatte in einer Audienz den Kaiser für den Bau eines

Graf Wilhelm von Redern, Intendant der Königlichen Theater, auf einem Aquarell von Franz Krüger.

Luxushotels in bester Lage so sehr begeistern können, daß Majestät persönlich 1907 nicht nur das Haus als erster besichtigte, sondern es auch zur Unterbringung von Staatsgästen nutzte und sich hier bis zu seiner Abdankung 1918 Bankette ausrichten ließ.

1921 kam Lorenz Adlon bei einem Autounfall ums Leben, doch führte sein Sohn Louis das Haus in altem Glanz weiter, so daß die Berühmten und Reichen aus aller Welt auch in den nächsten Jahrzehnten hier gern logierten, von Enrico Caruso, Mark Twain und Greta Garbo bis zu Charlie Chaplin und Thomas Mann. Auch in der Nazizeit ging der Betrieb weiter und wurde im Kriege aufrechterhalten, so gut es noch ging.

Wie die Journalistin Ursula von Kardorff berichtet, konnte man, wenn man zu den Stammgästen zählte oder Beziehungen zum Hotelpersonal hatte, in den letzten Kriegsjahren hier noch besser als anderswo speisen, und der benachbarte Tiefbunker, zu dem das Hotel einen eigenen Eingang hatte, versprach bei den ständigen Luftangriffen größere Sicherheit. Bei einem Blick in die Hotelhalle, so notierte Ursula von Kardorff im Dezember 1943, sah man neben den Offizieren, die eine Erinnerung an einstigen Komfort an die Front mitnehmen wollten, »Bonzen in klirrenden Parteiuniformen«, Schauspieler, Diplomaten, »Dahlemer Damen in Hosen, die sich von Aufräumungsarbeiten in ihren zerstörten Villen erholen wollten«, Industrielle mit Aktentaschen, »die die Aura von Rüstung um sich verbreiten«, und dazu «Abenteurerinnen aller Grade, die sich der Männer annahmen«, deren Familien längst in sicherere Gegenden evakuiert worden waren. An der Bar gab es noch Bier zu trinken, und im Saal, in dem nur Bevorzugte Platz fanden, wurde an weißgedeckten Tischen auch Wein serviert. Die vom Hotelmanager Auserwählten mußten durch die »gierigen Blicke« der Wartenden Spießruten laufen, was manche, die an das ringsum herrschende Elend dachten, gesenkten Hauptes taten, während andere sich energisch und hochmütig gaben, weil sie es ihrer Bedeutung entsprechend fanden, hier in Sicherheit Rotwein zu trinken, während draußen der Tod umging.

Erstaunlicherweise überstand das Adlon alle Bombenangriffe und Erdkämpfe ohne größere Zerstörungen, ging dann aber, als die Sieger die Weinkeller plünderten, in Flammen auf. Übrig blieb das hintere Stück eines Gebäudeflügels, das bis 1970, in einem Niveau, das in der DDR zu den höheren zählte, noch bewirtschaftet wurde. Dann schien es, bis die Jahre 1989 und 1990 die Einheitsskeptiker eines Besseren belehrten, mit dem Luxushotel an der Grenze zwischen den Deutschlands und den Weltmächten für immer zu Ende zu sein.

Seit 1997 aber dominiert es wieder, wie zu Kaisers Zeiten, den Pariser Platz.

Die Tunnel

Des wachsenden Schienenverkehrs wegen wurde die Straße Unter den Linden im 20. Jahrhundert an drei Stellen untertunnelt: 1914-1916 in Höhe der Staatsoper, um die Straßenbahnverbindung zwischen der Behren- und der Dorotheenstraße herzustellen; 1926 im Verlauf der Friedrichstraße für die von Neukölln nach Seestraße führende U-Bahn; und 1936 am westlichen Ende, nahe der Wilhelmstraße, für die Nord-Süd-Strecke der S-Bahn, deren Aufgabe damals vor allem in der schnellen Verbindung zwischen zwei Endpunkten der Fernzüge, nämlich dem Anhalter und dem Stettiner Bahnhof, bestand.

Der Straßenbahntunnel ist 1951 stillgelegt worden. Seine nördliche Einfahrt ist heute noch hinter dem Kastanienwäldchen erkennbar, und zwar dort, wo man sich 1998, um den 150. Jahrestag der Revolution zu feiern, bemüßigt fühlte, dem unansehnlichen Durchgang zwischen der Singakademie und dem Universitätsgelände den pompösen Namen Platz der Märzrevolution zu geben, was dieser wohl kaum zur Ehre gereicht. Von der südlichen Tunneleinfahrt dagegen ist nichts mehr erhalten; sie wurde vom Funktionsgebäude der Staatsoper überbaut.

Der U-Bahn-Tunnel leistet, nach einer kriegsbedingten Unterbrechung im Jahre 1945, noch immer brav seine Dienste, und er hat es auch während der Teilung der Stadt getan. Zwischen 1961 und 1990 war die Strecke von Tempelhof nach Tegel, die Ostberlin im Bezirk Mitte, mit einem einzigen Halt, am Bahnhof Friedrichstraße, durchquerte, nur für Westberliner benutzbar. Die auf östlichem Gebiet liegenden Bahnhöfe waren stillgelegt und unzugänglich gemacht worden. Ihre Eingänge auf der langen Geraden der Friedrich- und Chausseestraße hatte man so perfekt beseitigt, daß man in Ostberlin nach einigen Jahren kaum noch wußte, wo sie sich einst, in besseren Zeiten, zu Fahrten nach dem Halleschen Tor oder dem Wedding geöffnet hatten. Daß der Verkehr dort unten aber immer noch lebte, hörte und spürte man in der Friedrichstraße auf den Gittern der Luftschächte: jeder der in Minutenabständen vorbeifahrenden, unerreichbaren Züge kündigte sich durch ein leichtes Beben, durch Luftzug und Rauschen an.

Zur Geschichte des S-Bahn-Tunnels gehören zwei Katastrophen: Im Sommer 1935, als beim rasch vorangetriebenen Bau der unterirdischen Strecke, die bis zur Olympiade hatte fertig sein sollen, eine einbrechende Wand viele Arbeiter verschüttet hatte, waren neunzehn von ihnen nicht mehr zu retten gewesen; und zehn Jahre später, in den letzten Tagen des Krieges, lief der Tunnel voll Wasser und wurde für viele Berliner, die in ihm Zuflucht vor Bomben und Granaten gesucht hatten, zum nassen Grab.

Am 16. April 1945 hatte an der Oder die auf Berlin zielende Großoffensive der Roten Armee begonnen. Am 17. waren die deutschen Stellungen auf den Seelower Höhen überrannt worden, am 25. hatte sich bereits der Einkreisungsring geschlossen, und die Angreifer hatten an vielen Stellen das Stadtgebiet von Berlin erreicht. Am 27. April war die Innenstadt zwischen Halleschem Tor, Alexanderplatz und dem Tiergarten zum Kampfgebiet geworden, wo neben einem Hochbunker am Anhalter Bahnhof auch der S-Bahn-Tunnel Frauen, Kindern, Greisen und vielen Verwundeten vor dem Dauerbeschuß Zuflucht bot.

Diese hilflose Menge wurde nun, so wollte es die Nachkriegslegende, die auch von der Presse, dem Film und der Literatur verbreitet wurde, von einer blitzschnell heranrollenden Flutwelle, die bald den Tunnel ganz füllte, unrettbar erfaßt. Tausende mußten elend ertrinken, weil die SS, so hieß es, durch eine

Sensationsbericht der Wochenzeitschrift »Heim und Welt« vom 24. Februar 1952.

gezielte Sprengung die Spree in den Tunnel geleitet habe, um am Ende ihres sinnlosen Kampfes noch viele andere Menschen mit in den Tod zu ziehen.

Daß es sich bei der Flutung nicht um das Wasser der Spree, sondern um das des Landwehrkanals gehandelt hatte, war schon bald nach dem Krieg klargeworden, und die vielen Widersprüche in den Berichten von Augenzeugen waren auch bekannt. Da aber niemand Interesse an der Aufklärung dieser von den Nazis verursachten schauerlichen Katastrophe hatte und die dazu notwendigen Archive im geteilten Berlin auch geteilt waren, vergingen Jahrzehnte, ehe man sich im Stadtbezirk Kreuzberg, anläßlich einer Gedenkausstellung für die Opfer der Katastrophe, der vielen Unklarheiten bewußt wurde und Recherchen einleitete, die 1992 veröffentlicht wurden und das Ergebnis brachten, daß Entscheidendes an den damaligen Vorgängen nicht mehr zu klären war.

Unstrittig ist, daß die Flutung des Tunnels tatsächlich durch eine Sprengung verursacht wurde, doch wurde durch diese nicht die Betondecke unter der Spree, also nördlich der Linden, zerrissen, sondern die unter dem weiter südlich verlaufenden Landwehrkanal. Zwischen den Hochbahnhöfen Gleisdreieck und Möckernbrücke wurde genau unter dem Kanal ein Loch in die Tunneldecke gerissen, so daß das einströmende Wasser zuerst den S-Bahnhof Anhalter Bahnhof erreichte, in dem neben einem Behelfslazarett auch viele Anwohner Zuflucht gesucht hatten, und dann zu den Bahnhöfen Potsdamer Platz, Unter den Linden und Friedrichstraße weiterfloß. Unklar ist, wie lange das Wasser, das sich teilweise auch in die U-Bahn-Schächte verteilte, zur Füllung des Tunnels brauchte, wieviel Zeit also den vom Ertrinken bedrohten Menschen zur Rettung blieb.

Da die Toten bald nach dem Ende der Kämpfe geborgen, auf den umliegenden Friedhöfen in Kreuzberg und Mitte bestattet und dabei meist auch registriert worden waren, ließ sich die Anzahl der Opfer ungefähr ermitteln. Es werden nicht Tausende, wie die Gerüchte es wollten, sondern ein- bis zweihundert gewesen sein.

Unklar blieb der Zeitpunkt der Sprengung. Dessen Datierung reicht in den ausgewerteten Nachkriegsberichten vom 26. April, als die Angreifer den Landwehrkanal noch nicht erreicht hatten, bis zum 2. Mai, dem Tag der Kapitulation Berlins. Da aber viele Augenzeugen glaubwürdig von Fluchtbewegungen am 1. Mai durch den noch trockenen Tunnel in nördlicher Richtung, also unter den Linden hindurch, berichteten, nahmen die Untersuchenden den 2. Mai als den wahrscheinlichsten Termin an.

Auch die Frage nach dem Verursacher der Katastrophe und seinen Motiven mußte ohne Antwort bleiben, da weder Hinweise auf Täter noch deren Geständnisse vorliegen und niemand von entsprechenden schriftlichen oder mündlichen Befehlen weiß. Daß die Rote Armee, wie auch schon vermutet wurde, die Sprengung zur Vernichtung der letzten deutschen Widerstandsnester hatte vornehmen lassen, ist unwahrscheinlich, weil ihr vermutlich die für eine solche genaue Sprengung nötigen Ortskenntnisse gefehlt haben dürften. Auch kam in keinem der oft sehr detaillierten sowjetischen Frontberichte jener Tage die Flutung des Tunnels vor.

Wenn aber, wie nach wie vor zu vermuten, die militärisch sinnlose Sprengung von deutscher Seite nach dem Motiv der »verbrannten Erde« erfolgte, so ist andererseits wieder unverständlich, warum die sowjetische Kriegspropaganda keinen Gebrauch von diesem Nazigreuel machte. Ob die Frage jemals geklärt werden kann, bleibt nach wie vor ungewiß.

Da wegen des überall an den Bahnhofseingängen der Innenstadt zutage tretenden Wassers die Ausbreitung von Seuchen befürchtet wurde, begannen mit Erlaubnis der sowjetischen Militärbehörde die schwierigen Reparaturen der Tunneldecke bereits am 25. Mai. Danach wurde am Landwehrkanal und in Spreenähe mit dem Abpumpen des Wassers begonnen. Im September war der Wasserspiegel so weit abgesenkt worden, daß man die S-Bahn-Strecke unter den Linden hindurch mit Booten befahren konnte. Und im Jahr darauf, im Juni 1946, konnte man zwischen Friedrichstraße und Anhalter Bahnhof auch wieder (für 20 Pfennige) die S-Bahn benutzen und trockenen Fußes auch den im Stil der Neuen Sachlichkeit erbauten unterirdischen Bahnhof Unter den Linden betreten, obwohl er noch sehr lädiert, vom modrigen Wasser gezeichnet und nur schwach beleuchtet war. Man konnte auch die Treppe zur Straße Unter den Linden hinaufsteigen (die fünfzehn Jahre später, beim Bau der Mauer, wieder versperrt werden sollte) und dann, wenige Meter vor dem Pariser Platz stehend, im Sonnenlicht das von tausend Kugeln und Granatsplittern verwundete, aber noch aufrecht stehende Brandenburger Tor bewundern. Es war das einzige Bauwerk, das von dem einst so schönen und vornehmen Ensemble des Platzes noch halbwegs erhalten geblieben war.

Das Quarrée

Der unter Friedrich Wilhelm I. entstandene, damals Quarrée genannte quadratische Platz von 120 Metern Länge und Breite am westlichen Ende der Linden, der 1814, nach dem Sieg über Napoleon, zum Pariser Platz wurde, numeriert seine Häuser nach eigener, sich gegen den Uhrzeigersinn bewegenden Zählung, die südlich des Tores, das nicht numeriert ist, anfängt und auch dort wieder endet, wobei nur sieben Nummern herauskommen; denn weder die Torhäuser noch die Eckgebäude der Linden werden mitgezählt. Kommt man also aus der Straße Unter den Linden und blickt durch das Tor hindurch in das Grün des Tiergartens, hat man links des Tores und seiner Anbauten die Nummer 1 vor sich und rechts von diesen die Nummer 7 – alles Neubauten heute; denn da der Krieg und die DDR den Platz gründlich abgeräumt hatten, entstand hier bald nach 1990 eine Ausstellungsfläche für moderne Architektur.

Da die Gebäude, um das harmonische Verhältnis von Platzgröße und Bauhöhe zu wahren, die Maximalhöhe von 22 Metern nicht überschreiten durften, wurde, bei aller Unterschiedlichkeit der baulichen Lösungen, doch eine Ensemblewirkung erreicht. Begnügt man sich mit dem wenigen, das moderne Architektur dem schönheitsdürstenden Auge bietet, kann man also zufrieden sein mit dem Ergebnis und sich teilweise auch begeistern – beim Haus Nummer 3, auf der südlichen Seite, zum Beispiel, das der Amerikaner Frank O. Gehry aus hellem Kalkstein errichtet hat. Es gehört einer der Banken, die den Platz heute sicher so ausschließlich wie in den Anfängen die Aristokraten beherrschten, gäbe es nicht noch die älteren Rechte der Akademie der Künste und zweier großer ausländischer Mächte, denen an einer Präsenz in diesem Empfangssalon der Hauptstadt gelegen ist. Dadurch ist es also nicht nur das große Geld, das hier seine Macht demonstriert.

Wo heute Mitarbeiter von Institutionen ihre Bürostunden ableisten, war früher ein vornehmes Wohnquartier. Anfangs, im 18. Jahrhundert, waren es vorwiegend Adlige, die hier lebten, später auch Bürgerliche, die es zu Reichtum und Ansehen gebracht hatten, klangvolle Namen aus Kunst, Wissenschaft und Militär darunter, bis dann Hitlers Vasallen hier einzogen und der Krieg aus Palästen Ruinen machte, die zu DDR-Zeiten abgeräumt wurden, weil man die Mauer baute und ein freies Schußfeld für nötig hielt. Von 1961 bis 1989 war der Pariser Platz eine streng bewachte Ödnis, die man teilweise mit Rasen besät hatte. Außer den Grenzwächtern durfte ihn niemand betreten. In der Abenddämmerung hoppelten die wilden Kaninchen umher.

Von den drei hier schon länger beheimateten Institutionen ist die älteste die Französische Botschaft, auf dem Grundstück Nummer 5, an der nordöstlichen Ecke, die schon seit 1862 Frankreich gehört. Die Akademie der Künste, in Nummer 4 an der Südostecke gelegen, erhielt diesen hervorragenden Standort zu Anfang des 20. Jahrhunderts, als sie, des Neubaus der Staatsbibliothek wegen, ihren alten Platz Unter den Linden aufgeben mußte. Und die USA, deren Neubau, in Nummer 2, an der Südwestecke, sich noch im Entstehen befindet, residieren erst seit den dreißiger Jahren des vorigen Jahrhunderts an diesem Ort.

Ist von den Vorgängerbauten der heutigen Gebäude die Rede, werden meist Bezeichnungen mit den Namen ehemaliger Eigentümer, wie Palais Blücher oder Haus Sommer, verwendet, von denen man aber wissen sollte, daß sie mehr oder weniger zufällig entstanden sind. Denn die schlichten Adelspaläste, die im letzten Jahrzehnt der Regierung des Soldatenkönigs entstan-

Generalfeldmarschall Graf Friedrich Ernst von Wrangel war von 1849 bis 1857 »Oberbefehlshaber in den Marken« und »Kommandierender General des III. Armeekorps«.

den waren, sind nicht nur häufig vermietet und umgebaut, sondern auch immer wieder verkauft worden, so daß der namengebende Eigentümer immer nur ein Bewohner unter vielen war.

So wird zum Beispiel die Nummer 3, wo man heute Gehrys helles Bankgebäude mit den tiefliegenden Fenstern bewundert, häufig als Nachfolgebau des Palais Wrangel bezeichnet, könnte mit demselben Recht aber auch den Namen des 1796 gestorbenen Generals von Rohdich führen, der unter Friedrich Wilhelm II. als Kriegsminister amtierte und mit dessen Namen Fontane Anekdoten über die Abschaffung der Grenadierblechmützen und ihre Ersetzung durch bequemere Hüte verband. Dasselbe

Pariser Platz 3, das sogenannte Palais Wrangel, im Jahre 1865. Wrangel wohnte hier von 1849 bis zu seinem Tode 1877. Links davon, Nummer 4, das Palais des Grafen Arnim-Boitzenburg, wo 1781 der Dichter Achim von Arnim geboren wurde und später die Akademie der Künste einzog. Ganz rechts ist noch ein Stück vom Blücherschen, ganz links eines vom Redernschen Palais zu sehen. Photographie von F. Albert Schwartz.

Haus könnte aber auch nach Suarez, dem Mitschöpfer des Allgemeinen Preußischen Landrechts, heißen oder auch den berühmten Namen Savigny führen, nach dem bedeutenden Rechtsgelehrten und vormärzlichen Justizminister, der lange hier Mieter war. Erst nach ihm hatte hier, bis zu seinem Tode im Jahre 1877, der Namensgeber des Hauses, der General von Wrangel, seine Dienstwohnung, der Mann also, der 1848 die Revolution unterdrückte und später, als »Papa Wrangel«, zu einer beliebten Gestalt der Anekdotendichtung wurde, deren Witz meist, wie zuvor schon bei Blücher, auf schlagfertigem Zynismus beruhte, der sich mit einem mundartlich getönten, fehler-

Das Gebäude der Akademie der Künste, Pariser Platz 4, vorher Palais Arnim, nach dem Ersten Weltkrieg. Den für die Arbeit der Akademie notwendigen Umbau im Innern hatte Ernst von Ihne vorgenommen, die schöne Fassade von Eduard Knoblauch von 1858 aber erhalten. Links stößt der Bau nun an das Hotel Adlon.

haften Gebrauch der deutschen Sprache verband. So soll der General, dem angeblich die Revolutionäre 1848 im Falle der Besetzung Berlins durch seine Truppen mit Rache an seiner Frau gedroht hatten, beim Einzug seiner Soldaten durch das Brandenburger Tor mit einem Blick nach rechts auf sein Haus zum Adjutanten geäußert haben: »Ob se ihr woll schon uffjehängt haben?« Auch diese Anekdote hat Fontane bei Rodenbergs Buch über die Linden vermißt.

Nach Wrangels Tod war auch das Ende des nicht mehr zeitgemäßen Hauses gekommen; es wurde abgerissen und durch einen prächtigen Neubau für die feudale Casino-Gesellschaft ersetzt.

Während diese im Erdgeschoß tagte, wohnte in der ersten Etage von 1883 bis 1915 Fürst Anton von Radziwill, ein bekannter Gemäldesammler, der auch sehr gastfreundlich war und oft Berliner Künstler bei sich empfing. Später hatten die Junkers Flugzeugwerke hier einige Büroräume, bis schließlich, kurz vor dem Ende, Hitlers Minister hier einzogen, erst Fritz Todt, der Generalinspekteur für das Straßenwesen, und dann der Architekt und Rüstungsminister Albert Speer.

Auch die Nummer 2, das sogenannte Palais Blücher, an dessen Stelle heute die Vereinigten Staaten ihren Botschaftsneubau errichten, war schon häufig veräußert worden, ehe es nach den Befreiungskriegen von Friedrich Wilhelm III. gekauft und seinem verdienten »Marschall Vorwärts« geschenkt wurde, bei dessen Nachkommen, die aber hier nicht wohnten, es dann bis nach dem Ersten Weltkrieg verblieb. Die USA kauften es 1930, konnten es aber, da es durch einen Brand vernichtet wurde, erst ab 1939 als Botschaft auch nutzen, also nur zwei Jahre vor ihrem Kriegseintritt.

Das Haus Nummer 4, an der Südostecke des Platzes, dem Adlon also benachbart, hatte nicht, wie die anderen Bauten, sein Entstehen einem Aristokraten zu verdanken, sondern einem sogenannten Schutzjuden, Meyer-Ries mit Namen, der dem Soldatenkönig bei der Rekrutenwerbung im Ausland durch Finanztransaktionen geholfen hatte und deshalb 1737 die Erlaubnis zum Bau eines Palais an dieser Stelle erhielt. Zu Friedrichs des Großen Zeiten wohnte hier sein vertrauter Kammerdiener und späterer Schatullenbewahrer, Fredersdorf, dessen rührender Briefwechsel mit dem König erst 1926 veröffentlicht wurde und nicht nur Friedrichs erbärmliches, oft komisches Deutsch offenbarte, sondern auch sein oft hinter Zynismus verstecktes weiches Gemüt. Der Kulturgeschichte ist dieses Palais nicht nur als das Geburtshaus des romantischen Dichters Achim von Arnim bedeutend, sondern später auch, nach zweimaligem Umbau, als Sitz der Königlichen Akademie der Künste, die nach einer fünf-

»Die Dichterakademie arbeitet«. Karikatur auf die 1926 gegründete Sektion Dichtung der Akademie von Fritz Eichenberg in der Zeitschrift »Uhu«, Oktober 1931. An der Stirnseite des Tisches sitzt Gerhart Hauptmann, rechts von ihm, von ihm abschreibend, Thomas Mann, rechts neben diesem Max Halbe und in der Reihe gegenüber, von links nach rechts: Ricarda Huch, Heinrich Mann, Alfred Döblin, Theodor Däubler, Ludwig Fulda und Wilhelm von Scholz.

Blick von Westen auf das Brandenburger Tor vor dem Zweiten Weltkrieg. Rechts neben den Torhäusern das Haus Sommer, Nummer 1, links das Haus Liebermann, Nummer 7, mit dem Atelier auf dem Dach.

jährigen Behelfsunterbringung in der Potsdamer Straße am 1. Januar 1907, unter der Leitung ihres Direktors Anton von Werner, hier ihre neuen Arbeits- und Ausstellungsräume bezog. Unter ihrem neuen Namen, Preußische Akademie der Künste, wurde sie von 1920 bis 1932 von Max Liebermann geleitet, 1926 um die Sektion Dichtkunst erweitert, 1933 aber zum Verkümmern verurteilt, weil ihre erzwungene Gleichschaltung viele der besten Künstler vertrieb. Ihre jüdischen Mitglieder wurden ausgeschlossen, andere verließen sie daraufhin freiwillig oder gingen, um Freiheit und Leben zu retten, in die Emigration. Die zurückbleibenden Mitglieder konnten das Haus auch nur noch vier Jahre zu ihren befehlsempfangsähnlichen Sitzungen nutzen; dann wurde es Hitlers Baumeister Albert Speer überlassen, der hier seine Pläne zum Umbau Berlins entwarf.

Nachdem man der Akademie nur zwei Monate Zeit zum

Das Haus Liebermann nach dem Zweiten Weltkrieg. Photographie von Fritz Eschen aus dem Sommer 1947.

Umzug gelassen hatte, wurden nun ihre Räume im Januar 1937 von Speers vielköpfiger Arbeitsgruppe, die sich Generalbauinspektion für die Reichshauptstadt nannte, besetzt. Hier, im ehemals Arnim-Boitzenburgschen Palais, das Hitler von der Reichskanzlei aus auf einem Fußweg durch die Ministergärten unbemerkt erreichen konnte, ließ der Diktator sich seine baulichen Visionen einer Welthauptstadt Germania von dem begabten jungen Architekten in Zeichnungen und begehbare Modelle umsetzen und beriet sich stundenlang mit ihm. Der Radikalumbau der Stadt, der ohne Rücksicht auf historische Gegebenheiten der Machtdemonstration des Regimes dienen sollte, wurde ein Jahr nach Schaffung der Speerschen Behörde, die alle Baugesetzgebung faktisch außer Kraft setzen konnte, mit großem propagandistischem Aufwand begonnen. Die Schlagzeilen des »Berliner Lokalanzeiger« wußten am 28. Januar 1938 zu melden: »So wird Berlin umgebaut: 38,5 km lange Neue Straße von Norden nach Süden mit Großbauten. Zwei Zentralbahnhöfe. Versammlungsbau und Aufmarschplatz am Königsplatz für 1 Million. Viergleisige Untergrundbahn. Großes Wohnungsbauprogramm. Beginn 1. Juni.«

Und die Arbeiten, die erst einmal Raum für die Nord-Süd-Achse mit ihren monströsen Großbauten schaffen sollten, begannen 1938 tatsächlich, bestanden aber vorwiegend in Abrissen und Denkmalsumsetzungen, und sie wurden auch während des Krieges in verringertem Umfang bis 1942, als Speer zum Rüstungsminister ernannt wurde und für seine Büros nun auch das benachbarte Palais Wrangel besetzte, weitergeführt.

Wie vom Adlon, so hatten die Bomben und die Nachkriegsabrisse auch von der Akademie einige Hintergebäude übriggelassen, die von der Folgeeinrichtung der DDR, mit dem Hauptsitz am Robert-Koch-Platz, als Archiv und Werkstatt noch genutzt werden konnten, so daß nach der Wiedervereinigung, die 1993 auch die beiden Akademien zusammenführte, die Rückkehr an den ehemaligen Standort nicht fraglich war. Das neue, von den Akademiemitgliedern Günter Behnisch, Manfred Sabatke und Werner Duth entworfene Gebäude, zu dem im Jahre 2000 der Grundstein gelegt wurde, wird an dieser markanten Stelle künftig auch wieder die Künste stärker vertreten sein lassen – die freilich auch in den letzten Wiederaufbaujahren nie ganz gefehlt hatten, weil nämlich sowohl die Dresdner Bank, in der Nummer 6, auf der nördlichen Seite, als auch das Liebermann-Haus, in der Nummer 7, Kulturelles zu bieten hatten: Ausstellungen und Diskussionsforen zu Themen der Zeit.

Das Liebermann-Haus, nördlich ans Tor anschließend, war schon bei seinem Umbau durch Stüler im Jahre 1845 als Zwil-

Max Liebermann im Selbstbildnis von 1902.

lingsbau des südlich ans Tor stoßenden Hauses Sommer gestaltet worden, und der Neubau des Berliner Architekten Kleihues, der 1999 fertig wurde, nimmt in Höhe, Volumen und Fassadengliederung die Spiegelbildlichkeit der beiden das Tor flankierenden Bauten wieder auf. Es ist heute Sitz der Stiftung »Brandenburger Tor« der Berliner Bankgesellschaft, die sich der historischen Stätte würdig zeigte, als sie zur Eröffnung des Hauses seinem früheren Besitzer durch eine ihm gewidmete Ausstellung ihre Reverenz erwies.

Der Name des Hauses erinnert an seinen früheren Bewohner Max Liebermann, den bedeutenden impressionistischen Maler und Zeichner, mit dem die Reihe der derben und doch höchst sensiblen Gestalten, die seit Nicolais Zeiten das Kulturleben der Stadt geprägt hatten, zu Ende ging. Der 1847 in der Burgstraße geborene Berliner, dessen Vater, ein erfolgreicher Unternehmer, 1857 das Haus am Brandenburger Tor gekauft hatte, mußte in hohem Alter noch den Rückfall in die kulturelle Barbarei erleben, und das sogar aus nächster Nähe, denn der Fackelzug, mit dem Hitlers Anhänger am 30. Januar 1933 ihren Sieg feierten, führte ja dicht an seinem Hause vorbei. Die groben Worte, mit denen er damals angeblich seiner Verzweiflung Ausdruck gegeben hatte (»So ville kann ick gar nich essen, wie ick kotzen möchte«), sind inzwischen zum geflügelten Wort geworden, wie manches andere seiner schönen oder auch leichtfertigen Bonmots. Daß Kunst von Können, nicht aber von Wollen käme, weil sie sonst Wulst hieße, ist eines von ihnen, ein anderes ist die Behauptung, daß nur schlechte Maler große Ideen verwirklichen wollten. Und wenn es stimmen sollte, daß er, lange vor Hitler, auf die Frage nach der Zukunft des Antisemitismus entgegnet hatte: daraus könne erst etwas werden, wenn die Juden selbst die Sache in die Hand nähmen, so hat er sich in witziger Form in gräßlicher Weise geirrt.

Als die Akademie der Künste, der er seit 1898 angehört hatte, im März 1933 den erzwungenen Beschluß faßte, keine Werke jüdischer Künstler mehr auszustellen, erklärte er, mit der Begründung, daß Kunsturteile mit »Politik und Abstammung« nichts zu tun haben dürften, seinen Austritt, malte in seinem Atelier aber weiter, bis er im Februar 1935 in dem Haus am Brandenburger Tor (gleich links, wenn man in die Stadt reinkommt, wie er zu sagen pflegte) isoliert und verbittert im Alter von 87 Jahren starb. Bei seinem Begräbnis auf dem jüdischen Friedhof in der Schönhauser Allee waren nur wenige Menschen anwesend, darunter Ferdinand Sauerbruch und Käthe Kollwitz. Seine Witwe, die ab 1938 nicht mehr am Pariser Platz wohnen durfte, vergiftete sich, als die Deportation drohte. Das Haus wurde 1944 enteignet, bald darauf mehrfach von Bomben getroffen und völlig zerstört.

Das große Portal

Zwei der insgesamt neun preußischen Könige gelten den Historikern als Verschwender, aber gerade diesen hat die Straße Unter den Linden viel zu verdanken: dem ersten Friedrich ihren großartigen Anfang mit dem Schlüterschen Stadtschloß und Friedrich Wilhelm II. den edlen Abschluß durch das Brandenburger Tor.

Letzterer, der Neffe und Nachfolger des Alten Fritzen, der den Thron 1786 besteigen konnte, unterschied sich von seinem berühmten Onkel nicht nur durch Körperfülle, geringere Charakterstärke, schwächeres Durchsetzungsvermögen und genußreichere Lebensweise, sondern auch durch sein anderes Kunst- und Kulturverständnis, das zeitgemäßer und damit auch nationaler war. Die Kulturhegemonie Frankreichs, die Friedrich hatte erhalten wollen, war schon in seinen letzten Regierungsjahren für Deutschland zu Ende gegangen, und von dieser Entwicklung, die neben dem gebildeten Bürgertum auch schon große Teile des Adels ergriffen hatte, war der Thronfolger schon mitgeprägt. Er beherrschte, was man von Friedrich nicht sagen konnte, seine Muttersprache, fühlte sich mehr als sein Vorgänger Kaiser und Reich verpflichtet, nahm auch deutsche Künstler zur Kenntnis und förderte sie. Er ließ die unter Friedrich unbedeutend und untätig gewordenen Akademien der Künste und der Wissenschaften reformieren, und da er auch das deutschsprachige Theater förderte, wurde Berlin für deutsche Stückeschreiber ein wichtiger Aufführungsort. Aus Pommern holte er sich 1788 David Gilly, den dortigen Baudirektor, der zehn Jahre später die Bauakademie gründen sollte, machte im selben Jahre den jungen Schadow zum Hofbildhauer und lockte schon im Jahr seiner Thronbesteigung Carl Gotthard Langhans, der aus Schlesien stammte und vorwiegend dort auch gebaut hatte, mit zwei großen Aufträgen nach Berlin. Er ließ ihn auf dem Gendarmenmarkt das Schauspielhaus bauen (das dann 1817 schon abbrennen sollte), und er beauftragte ihn mit der Errichtung des die Linden abschließenden Tores, das in der Planungsphase, nach dem Vorschlag des Königs, Friedenstor hieß.

Das alte Tor, das damals die westliche Stadtgrenze markierte, war, neben dreizehn anderen Toren, nötig geworden, als die Stadt, um Schmuggel und Desertion zu erschweren, von Friedrich Wilhelm I. um 1730 mit einer Zoll- oder Akzisemauer umzogen worden war. Wie aus einem Stich Chodowieckis ersichtlich, war es, wie die meisten Bauten des Soldatenkönigs, so zweckmäßig und unaufwendig wie möglich gestaltet worden. Zwei Torpfeiler mit barocken Verzierungen hielten die hölzernen Torflügel, die am Abend geschlossen wurden. Flankiert wurde die relativ schmale Anlage von zwei einfachen Gebäuden für Zoll, Torschreiber und Stadtwache. Der Blick in den Tiergarten war also teilweise verwehrt.

Langhans aber wollte den Blick aus der Stadt hinaus öffnen und die Hereinkommenden frühzeitig mit dem Anblick der Prachtstraße erfreuen. In seiner Denkschrift für den König, in der auch schon das Viergespann mit der Friedensgöttin Erwähnung findet, bezeichnet er die Lage des Tores in verständlicher Übertreibung als »ohnstreitig die schönste der ganzen Welt«. – »Um hiervon«, so heißt es weiter, »gehörig Vorteile zu ziehen und dem Tore soviel Öffnung als möglich zu geben, habe ich bei dem Bau des neuen Tores das Stadt-Tor von Athen zum Modelle genommen…« – womit er die Propyläen der Akropolis meinte, die er freilich nicht durch eigene Anschauung, sondern nur durch englische und französische Stiche kannte. Denn nach

Das alte, von Philipp Gerlach entworfene Brandenburger Tor, das 1735 eröffnet wurde und mehr als ein halbes Jahrhundert seine Dienste tat. Stich von Daniel Nikolaus Chodowiecki von 1764.

Griechenland, das noch von den Türken besetzt war, reisten deutsche Künstler damals noch nicht.

Schadow, der die Quadriga und die Entwürfe zu den Reliefs zu fertigen hatte, war sich der Tatsache, daß mit diesem frühklassizistischen Bauwerk ein neues Kapitel der Kunstgeschichte in Preußen eröffnet wurde, sicher so wenig wie die meisten seiner Zeitgenossen bewußt. In seinen Aufzeichnungen, die oft spöttisch sind, manchmal auch hämisch werden, gibt er als Grund für diese »Wiederholung eines anerkannten Meisterwerks« der Antike den Mangel an eigenen Ideen bei seinem Baumeister an. Noch weniger freilich konnte er ahnen, daß diesem großartigen Abschluß der Straße Unter den Linden im Laufe der Jahre ein Symbolwert zuwachsen würde, der den aller Denkmäler, die im 19. Jahrhundert eigens zu diesem Zwecke er-

Johann Gottfried Schadow, der Schöpfer der Quadriga, im Alter von 56 Jahren. Stich von Ludwig Buchhorn nach einem Gemälde von Wilhelm Schadow.

richtet wurden, bei weitem übertraf. Zwar kennen auch heute wohl nur Kunstinteressierte den Namen des Erbauers des Tores, das Tor selbst aber, das in fast allen äußeren, inneren und kalten Kriegen eine symbolische Rolle zu spielen hatte, kennt heute die ganze Welt.

Als das Tor, noch ohne plastischen Schmuck und ohne Quadriga, die erst zwei Jahre später fertig wurden, im August 1791 dem Verkehr übergeben wurde, geschah das ohne Feierlichkeiten; anscheinend war man sich seiner Wirkung noch nicht recht bewußt. Auch als zwei Jahre später, am 22. Dezember 1793, die Prinzessin Luise von Mecklenburg-Strelitz und ihre jüngere Schwester Friederike als Bräute des preußischen Kronprinzen

Carl Gotthard Langhans, Schöpfer des Brandenburger Tores. Der Künstler der Büste ist unbekannt.

und seines Bruders unter dem Jubel der Einwohner in Berlin einzogen, wurde der Festzug nicht durch das Brandenburger, sondern das Potsdamer Tor geleitet, und Unter den Linden, genau an der Stelle, an der später Rauchs Friedrich-Denkmal seinen Platz finden sollte, gab es ein eigenes zu diesem Anlaß errichtetes Ehrentor.

Erst Napoleon, dem Geburtshelfer des deutschen Nationalbewußtseins und der preußischen Reformen, war es vorbehalten, dem Brandenburger Tor eine politische Bedeutung zu geben. Als er nach seinem Sieg bei Jena im Oktober 1806 an der Spitze seiner Garden hoch zu Roß in Berlin einmarschierte, wählte er, der theatralische Inszenierungen seiner Erfolge zu schätzen wußte, das Brandenburger Tor als heroische Kulisse. Und auch Schadows Quadriga verlieh er patriotische Weihen, indem er sie raubte und nach Paris schaffen ließ. Das Tor stand nun acht Jahre nackt, ohne die Quadriga, und erinnerte ständig an die Schmach, die Napoleon Preußen zufügte. Und als im Sommer 1810 die Königin Luise zu Grabe getragen wurde und eine große schwarze Fahne die Quadriga ersetzte, wurde das Tor auch zum Ausdruck tiefster Trauer und Verzweiflung, die auch verständlich machen, daß die Heimholung der Quadriga nach dem Sieg über Napoleon im Sommer 1814 zu einem Triumphzug geriet. Gemeinsam mit den aus Frankreich heimkehrenden Truppen, zu deren Ehren aus dem Quarrée der Pariser Platz wurde, feierte man auch die auf das Tor zurückgekehrte Quadriga, die Schinkel inzwischen um das umkränzte Eiserne Kreuz mit dem Adler darüber ergänzt hatte, so daß das Tor zum Denkmal für die Befreiungskriege, die Friedensgöttin zu Viktoria geworden war.

Für staatliche Feste, besonders für Siegesparaden und Trauerfeiern, wurde fortan das Tor unerläßlich. Nach Bismarcks drei siegreichen Kriegen mußte es Dienste für die immer glänzender werdenden Siegesparaden leisten, die Theodor Fontane, zum Kummer vieler seiner Verehrer, alle drei in gleich forschem Tone und unter demselben Titel, »Einzug«, besungen hat. Das Tor zu erwähnen hat er dabei nie vergessen, wie zum Beispiel in den für den Geist des Ganzen bezeichnenden Reimen:

»Zum dritten Mal
Ziehen sie ein durch das große Portal;
Die Linden hinauf erdröhnt ihr Schritt,
Preußen-Deutschland fühlt ihn mit.«

Am Morgen des 16. März 1888 wurden die sterblichen Überreste Kaiser Wilhelms I. vom Dom, in dem sie aufgebahrt worden waren, zur Beisetzung im Mausoleum seiner Mutter, der Königin Luise, über die Linden nach Charlottenburg gefahren. Der Dom hatte eine Trauerfassade erhalten, schwarze Tücher hingen an der Schloßbrücke und der Neuen Wache, und auch das Brandenburger Tor war schwarz verhüllt.

Als 1888 der Leichnam Wilhelms I. vom Dom aus die Linden hinunter zum Mausoleum seiner Mutter, der Königin Luise, nach Charlottenburg gefahren wurde, hatte das Brandenburger Tor, schwarzumflort und mit der Inschrift VALE SENEX IMPERATOR (Lebe wohl, alter Kaiser) versehen, mit dem ganzen Deutschen Reich um seinen ersten Kaiser zu trauern. Es wurde unter Wilhelm II., der prächtige Drapierungen und militärische Aufmärsche liebte, in Freudenfarben gehüllt, wenn der Zar, der englische König oder der österreichische Kaiser zu Besuch kamen, oder es wurde 1895 zur Feier des fünfundzwanzigsten Jahrestages der Schlacht von Sedan, am 1. September, mit dem Ausspruch: SEDAN – WELCH EINE WENDUNG DURCH GOTTES FÜGUNG versehen.

Auch noch am Sedans-Tag 1914, als, nach vier Wochen Weltkrieg, erbeutete Kanonen auf dem Pariser Platz gezeigt wurden, herrschte noch Siegesstimmung – von der vier Jahre später, als die Berliner Regimenter aus dem Krieg heimkehrten und, statt vom Kaiser, vom Vorsitzenden des Rates der Volksbeauftragten, Friedrich Ebert, empfangen wurden, nichts mehr zu merken war. Nachdem sowohl die Revolutionäre als auch die Regierungstruppen und die Kapp-Putschisten sich einen bedeutungsschweren Marsch durch das Tor nicht hatten nehmen lassen, verzichtete die Weimarer Republik auf seine weitere politisch-militärische Inanspruchnahme, überließ es sozusagen den Touristen und den Denkmalpflegern (die tatsächlich eine dringende Restaurierung durchführten) – bis dann die Nationalsozialisten die Kaiserzeit im Paradieren und Ausschmücken des Tores und der Straße Unter den Linden noch überboten, mit dem nächtlichen Fackelzug der SA am 30. Januar 1933 angefangen, über die große Militärparade zur Feier von Hitlers fünfzigstem Geburtstag im April 1939 bis hin zum Aufmarsch des Volkssturms vor Goebbels im November 1944 auf dem von Bomben schon arg zerstörten Pariser Platz.

Die militärischen Machtdemonstrationen, zu denen das Brandenburger Tor von 1814 bis 1940 (nach dem Sieg über Frankreich) die Kulisse bilden mußte, markieren die Höhen und Tiefen preußisch-deutscher Geschichte, die im Mai 1945 mit dem Elendszug deutscher Soldaten, die durch das Tor nach Osten in langjährige Gefangenschaft getrieben wurden, nicht endete, aber doch ein neues Kapitel begann. Das Tor, von dem nun symbolträchtig die rote Fahne wehte (die die Aufständischen des 17. Juni 1953, nicht weniger symbolbewußt, herunterrissen), wurde kurzzeitig Zeuge von Paraden der siegreichen Alliierten, um dann für lange Jahre im Zentrum des Kalten Krieges zu stehen. Seiner eigentlichen Bestimmung zuwider wurde es Teil

Am 7. August 1814 wurde mit der Heimkehr des Königs, dem Einzug der Truppen und der Wiedergewinnung der Quadriga das siegreiche Ende des Befreiungskrieges gefeiert. Die farbige Lithographie von 1827 zeigt den Einzug des Regiments Garde du Corps.

des Eisernen Vorhangs, der Berlin und Deutschland in zwei ungleiche, von den jeweiligen Großmächten dominierte Hälften teilte und so in den Kontroversen um Einheit und Freiheit einen neuen, sich in der Forderung: Macht das Tor auf! äußernden Symbolwert erhielt.

In den vielen Krisen des Kalten Krieges, die sich an dem von der Mauer versperrten Tor am anschaulichsten darstellen ließen, bekam das nationale Symbol eine übernationale Bedeutung, und seitdem am 9. November 1989 überraschend die Öffnung der Mauer erfolgte und die Bilder der sich in den Armen liegenden, vor Freude weinenden Menschen in der Welt verbreitet wurden, bewahrt das Brandenburger Tor nun auch die Erfahrung, daß die deutsche Geschichte nicht nur Irr- und Sonderwege, sondern auch glückliche Wendungen kennt.

Zitatennachweis

Die Bäume

»anitzo ... Kuhlen oder Grüben ...« Die Linden (Ausstellungskatalog), S. 43

Das Schloß

»Es drängt mich ...« Reden Friedrich Wilhelms IV., S. 57
»Demolierungswerk der ...« Rodenberg, S. 190-192

Küchengarten und Exerzierplatz

»eingefrorener Dünkel ...« Heine: Deutschland. Ein Wintermärchen, Caputh III.
»kein sonderlicher Freund ...« Heine: Briefe, S. 127
»Hochrenaissanceeinzelheiten« Hessel, S. 88
»Riesengefüge von Quantität« Hessel, S. 88

Die Brückenpuppen

»Branntewein« Heine: Briefe, S. 128
»Der König wird noch ...« Varnhagen, Bd. 10, S. 275
»die nackten Bildsäulen ...« Varnhagen, Bd. 11, S. 163
»Delirium des Krieges« Döblin, S. 353
»keinen imposanteren Anblick ...« Heine: Briefe, S. 129
»neue Wachthaus« Heine: Briefe, S. 129
»einem kleinen Palast ...« Stendhal: Briefe, S. 205
»ein architektonisches Universum« Jean Paul: Briefe, S. 341
»Kolossen-Reihen von Palästen« Jean Paul: Briefe, S. 341
»Für die Gerechtigkeit ...« Caspar, S. 2
»einfach und bürgerlich wohnt« Heine: Briefe, S. 129
»Vergiß, was Du verlorst ...« Adami, S. 50
»Beim Himmel ...« Adami, S. 51

Der schöne Platz

»Reinheit von Sprache und Schrifttum« Walberer, S. 35
»die Überwindung des jüdischen ...« Walberer, S. 35
»Soldatentum als Lebensform« Das war ein Vorspiel nur, S. 196
»Wir sind nicht human« Maschinenschr. Manuskript (Privatarchiv)
»träufelndes Gift« Maschinenschr. Manuskript (Privatarchiv)
»Gegen Dekadenz ...« Walberer, S. 115
»in bester Form« Goebbels, Bd. 2, S. 801
»Meine Kommilitonen« Es war ein Vorspiel nur, S. 197
»An hohen Masten wehen ...« Kock, S. 15

Der Jungfernkranz

»Jeder muß hier ...« Heine: Briefe, S. 171-173
»die armen Burschen, wie auf ...« Heine: Briefe, S. 129-130
»Verlaß Berlin ...« Heine: Gedichte, S. 71
»kleine, flache preußische Trommel ...« Laforgue, S. 16
»im Geiste Schinkels ...« Stölzl, S. 16-17

Friedrich reitet

Berlins »schönstem Platze ...« Stölzl, S. 13
»schönste Kranz, den Rosenfinger ...« Goethe/Zelter, Bd. 1, S. 877
»So stehe du nun ...« Goethe/Zelter, Bd. 3, S. 707
»bis jeder von uns ...« Goethe/Zelter, Bd. 1, S. 960
»von den Universitätsgarten« Goethe/Zelter, Bd. 1, S. 658
»Rettung vor dem Abgrund« Friedrich Wilhelm IV., S. 127-128
»Der Alte Fritz« Fontane: Balladen, S. 563-564
»Einzug« Fontane: Balladen, S. 244-246

Aufrecht am Eckfenster

»Um 8 ½ Uhr abends...« Hollender, S. 142

Mars und Minerva

»Verzeichniß derjenigen ...« Kataloge, Bd. 1, vor 1786/1
»Morgenröthe« Kataloge, Bd. 1, vor 1791/1
»Das Teufelspack ...« Goethe: Faust I, Walpurgisnacht
»drastischsten Mitteln ...« Gutzkow: Berliner Erlebnisse, S. 35
»kleinen Hausschatz an ...« Gutzkow: Berliner Erlebnisse, S. 75

Kranzler und Bauer

»die Idee der Unendlichkeit« Heine: Briefe, S. 133
»geborene Berliner ...« Fontane: Von ...der Reise, Bd. 1, S. 80
»In Rom, Athen und ...« Fontane: Wanderungen, Bd. 7, S. 386
»die lackierten Teebretter ...« Hoffmann: Gespenster, S. 178

»um Menschen zu sehen ...« Liliencron, S. 175
»Schönes Kind ...« Heine in Berlin, S. 296
»niederzuknien aufforderte« Heine in Berlin, S. 134
»Elegants, Bürger mit ...« Hoffmann: 12 Berliner Geschichten, S. 83
»Centralpunkt der eleganten ...« Zedlitz, S. 423
»gewissen Geschöpfen ...« Schurig, S. 202
»Selbst Prinzen ohne Inkognito ...« Schurig, S. 194-195
»der Sammelplatz des ...« Hoffmann: 12 Berliner Geschichten, S. 273
»in Leserhand befinden ...« Varnhagen, Bd. 5, S. 43
»alberner Hoffahrt ...« Varnhagen, Bd. 8, S. 275
»Die Zeitungen rügten ...« Varnhagen, Bd. 9, S. 311
»an der berühmten Ecke ...« Fontane: Von 20 bis 30, S. 221
»Das kleine Regal ...« Rodenberg, S. 325-326

Größer, aber nicht schöner

»Bummelstil« Fontane: Wanderungen, Bd. 7, S. 475
»den beneidenswert glücklichen ...« Fontane: Wanderungen, Bd. 7, S. 392
»Grenadierblechmützen« Fontane: Wanderungen, Bd. 7, S. 392
»Prinzeß Amalie ließ ...« Goethe/Zelter, Bd. 2, S. 1458
»Palais der hohen Dame, die ...« Thiebault, Bd. 2, S. 190
»Aber die Prinzessin ...« Thiebault, Bd. 2, S. 190
»Ohne viele große Feten ...« Rochow, S. 128-129
»Als Mensch, als Fürst ...« Taack, S. 165
Eine Bildergalerie samt zehn ... Fontane: Wanderungen, Bd. 7, S. 393
»Bonzen in klirrenden ...« Kardorff, S. 135-136

Die Tunnel

Recherchen, die 1992 veröffentlicht ... siehe Karen Meyer

Das Quarrée

»Ob se ihr woll schon uffjehängt ...« Straub, S. 5
»So ville kann ick ...« Püschel, S. 60-61
»Wulst ...schlechter Maler« Püschel, S. 60, 50
»Antisemitismus« Püschel, S. 61
»Politik und Abstammung« Wulf, S. 35

Das große Portal

»ohnstreitig die schönste ...« Laabs, S. 10
»Wiederholung eines anerkannten ...« Schadow: Kunstwerke, Bd. 1, S. 35
»Einzug« Fontane: Balladen, S. 238-246

Literatur

Adami, Friedrich: Luise, Königin von Preußen. Gütersloh: Bertelsmann 1906

Berckenhagen, Ekhart und Gretel Wagner: Der bunte Rock in Preußen. Katalog zur Ausstellung. Berlin: Staatliche Museen 1981

Berdrow, Otto: Rahel Varnhagen. Stuttgart: Greiner u. Pfeiffer 1900

Berlin und seine Umgebung. Auktionskatalog 668. Berlin: J.A.Stargardt 1997

Berliner Illustrirte Zeitung. Sonderheft zur 700-Jahrfeier. 1937

Bernstorff, Elise von: Ein Bild aus der Zeit von 1789 bis 1835. Bd. 1-2. Berlin: Mittler 1896

Blunck, Jürgen: Daten zur Geschichte der Staatsbibliothek zu Berlin. In: Mitteilungen. Staatsbibliothek zu Berlin – Preußischer Kulturbesitz. N.F. 9. (2000) Nr. 1

Böhm, Karl-Georg und Werner Schmidt: Unter den Linden. Ein Spaziergang von Haus zu Haus. Berlin: Haude u. Spener 2000

Boulevards. Die Bühnen der Welt. Mit einer Einleitung von Klaus Hartung. Berlin: Siedler 1997

Caspar, Helmut: Wetterschutz für Schlüters Krieger. In: Preußische Nachrichten von Staats- und gelehrten Sachen. Nr. 50 (Januar 2002) S. 2

Cyran, Eberhard: Trenck. Memoiren und Kommentar. Berlin: Haude und Spener 1966

Das war ein Vorspiel nur ... Bücherverbrennung in Deutschland 1933. Ausstellung der Akademie der Künste 1983. Berlin: Medusa 1983

Debuch, Tobias: Anna Amalia in Preußen (1723-1787). Prinzessin und Musikerin. Berlin: Logos 2001

Dehio, Georg: Handbuch der deutschen Kunstdenkmäler. Berlin. Bearbeitet von Sibylle Badstübner-Gröger und anderen. München: Deutscher Kunstverlag 1994

Demps, Laurenz: Die Luftangriffe auf Berlin. Ein dokumentarischer

Bericht. In: Jahrbuch des Märkischen Museums. Jg. IV. (1978) S. 27-68 und Jg. VIII. (1982) S. 7-44
Demps, Laurenz: Der Pariser Platz. Der Empfangssalon Berlins. Berlin: Henschel 1995
Denkmal König Friedrichs des Großen. Enthüllt am 31. Mai 1851. Berlin: Decker 1851 (Reprint)
Detemple, Siegfried: Goethe/ Berlin/ Mai 1778. Sechs Tage durch die preußische Residenzstadt. Berlin: Staatsbibliothek 2001
Deutschlands Trauer. Des Reiches Hoffnung. Die ersten drei Kaiser. Stuttgart: DVA (um 1888)
Eschen, Fritz: Photographien. Berlin 1945-1950. Berlin: Nicolai 1990
Escher, Felix: Die katholische Kirche im 19. und 20. Jahrhundert. In: 1000 Jahre Kirche in Berlin-Brandenburg. Berlin: Wichern 1999
Ethos und Pathos. Die Berliner Bildhauerschule 1786-1914. Ausstellungskatalog. Herausgegeben von Peter Bloch, Sibylle Eichholz und Jutta von Simson. Berlin: Staatliche Museen 1990
Fontane, Theodor: Balladen, Lieder, Sprüche, Gedichte. Herausgegeben von Helmut Nürnberger. München: Hanser 1995 (Sonderausgabe von Bd. I/6 der Hanser-Fontane-Ausgabe)
Fontane, Theodor: Von, vor und nach der Reise. In: Unterwegs und wieder Daheim. Bd. 1-2. München: Nymphenburger 1972
Fontane, Theodor: Von Zwanzig bis Dreißig. Autobiographische Schriften. Bd. 2. Berlin: Aufbau 1982
Fontane, Theodor: Wanderungen durch die Mark Brandenburg. Bd. 7: Das Ländchen Friesack und die Bredows. Berlin: Aufbau 1991
Freydank, Ruth: Theater in Berlin. Von den Anfängen bis 1945. Berlin: Henschel 1988
Friedrich II.: Die Werke Friedrichs des Großen. Berlin: Hobbing 1913. Bd. 1 und 10
Friedrich II.: Briefe Friedrichs des Großen. Berlin: Hobbing 1914. Bd. 1
Friedrich II. und die Kunst. Ausstellung zum 200. Todestag. Teil 1-2. Potsdam: Staatliche Schlösser und Gärten 1986
Friedrich Wilhelm IV.: Reden ... seit seiner Thronbesteigung. Herausgegeben von J. Killisch. Berlin: Kühn 1861
Gersdorff, Rudolph-Christoph Freiherr von: Soldat im Untergang. Berlin: Ullstein 1977
Girbig, Werner: Im Anflug auf die Reichshauptstadt. Stuttgart: Motorbuch 1970
Goebbels, Joseph: Tagebücher 1924 –1945. Herausgegeben von Ralf-Georg Reuth. München: Piper 1992
Goethe, Johann Wolfgang: Briefwechsel mit Zelter. Bd. 1-3. München: Hanser 1991 (Goethes sämtliche Werke. Bd. 20, 1-3)

Götze, Alfred: Ein fremder Gast. Frau von Staël in Deutschland 1803-1804. Nach Briefen und Dokumenten. Jena: Frommann 1928
Gutzkow, Karl: Berliner Erinnerungen und Erlebnisse. Berlin: Das neue Berlin 1960
Gutzkow, Karl: Berlin. Panorama einer Residenzstadt. Herausgegeben von Wolfgang Rasch. Berlin: Morgenbuch 1995 (Märkischer Dichtergarten)
Hegemann, Werner: Fridericus oder das Königsopfer. Hellerau: Hegner 1925
Heine, Heinrich: Briefe aus Berlin. In: Heine in Berlin. Gedichte und Prosa. Herausgegeben von Gerhard Wolf. Berlin: Der Morgen 1980. (Märkischer Dichtergarten)
Heine, Heinrich: Deutschland. Ein Wintermärchen. In: Werke in 5 Bdn. Bd. 2. Berlin: Aufbau 1967
Heine, Heinrich: Gedichte. In: Werke in 5 Bdn. Bd. 1. Berlin: Aufbau 1967
Hensel, Wilhelm: Preußische Bildnisse des 19. Jahrhunderts. Berlin: Nationalgalerie 1981
Hermann, Joachim (Herausgeber). Berlin. Ergebnisse der heimatkundlichen Bestandsaufnahme. Berlin: Akademie-Verlag 1987 (Werte unserer Heimat)
Herz, Henriette in Erinnerungen und Dokumenten. Herausgegeben von Rainer Schmitz. Leipzig, Weimar: Kiepenheuer 1984
Hessel, Franz: Spazieren in Berlin. Beobachtungen im Jahr 1929. Berlin: Der Morgen 1979
Hoffmann, E.T.A.: Gespenster in der Friedrichstadt. Berlinische Geschichten. Herausgegeben von Günter de Bruyn. Berlin: Der Morgen 1986 (Märkischer Dichtergarten)
Hoffmann, E.T.A.: Zwölf Berlinische Geschichten aus den Jahren 1551-1816. Zusammengestellt von Hans von Müller. München: Georg Müller 1921
Hollender, Martin: Die keusche Kaiserin. In: Mitteilungen. Staatsbibliothek zu Berlin – Preußischer Kulturbesitz. N.F. 9 (2000), Nr. 1
Jean Pauls sämtliche Werke. Historisch-kritische Ausgabe. 3. Abteilung, 3. Bd. Herausgegeben von Eduard Berend. Briefe 1797-1800. Berlin: Akademie-Verlag 1959
Kardorff, Ursula von: Berliner Aufzeichnungen 1943-1945. Unter Verwendung der Originaltagebücher herausgegeben von Peter Hartl. München: dtv 1994
Kataloge der Berliner Akademieausstellungen 1786-1850. Bearbeitet von Helmut Börsch-Supan. Bd. 1-3. Berlin: Hessling 1971 (Quellen und Schriften zur bildenden Kunst)

Kathe, Heinz: Preußen zwischen Mars und Musen. München, Berlin: Koehler u. Amelang 1993
Kerr, Alfred: Wo liegt Berlin. Briefe aus der Reichshauptstadt. Herausgegeben von Günther Rühle. Berlin: Aufbau 1998
Klöden, Karl Friedrich: Von Berlin nach Berlin. Erinnerungen 1786-1824. Berlin: Nation 1976
Knobloch, Heinz: Im Lustgarten. Geschichte zum Begehen. Halle, Leipzig: Mitteldeutscher Verlag 1989
Kock, Erich: Er widerstand. Bernhard Lichtenberg, Dompropst bei St. Hedwig. Berlin: Morus 1996
Königin Luise in 50 Bildern ...von C. Röchling, R. Knötel, W. Friedrich. Berlin: Paul Knittel 1896
Kopp, Roland: Paul von Hase. Von der Alexander-Kaserne nach Plötzensee. Eine deutsche Soldatenbiographie 1885-1944. Münster: Lit-Verlag 1999 (Geschichte. Bd. 30)
Krammer, Mario: Berlin und das Reich. Berlin: Ullstein 1935
Küchler, Manfred: Die keusche Erotik der Preußen. Berlin: Bauwesen 1999
Laabs, Rainer: Das Brandenburger Tor. Brennpunkt deutscher Geschichte. Berlin: Ullstein 1990
Laforgue, Jules: Berlin, der Hof und die Stadt 1887. Frankfurt/M.: Insel 1980
Lemmer, Klaus J.: 1888. Ein deutsches Bilderbuch. Berlin: Rembrandt 1981
Liebermann, Max: M. L. in seiner Zeit. Ausstellung. Berlin: Nationalgalerie 1979
Liedtke, Christian: Heinrich Heine. Reinbek: Rowohlt 1999
Liliencron, Detlev von: Ausgewählte Gedichte. Berlin: Schuster & Löffler 1907
Linden, Die. Vom kurfürstlichen Reitweg zur hauptstädtischen Allee. Ausstellung der Staatsbibliothek zu Berlin 1997
Lindenberg, Paul: Berlin in Wort und Bild. Berlin: Dümmler 1895 (Reprint)
Löschburg, Winfried: Unter den Linden. Geschichte und Geschichten einer berühmten Straße. Berlin: Der Morgen 1972
Mackowsky, Hans: Häuser und Menschen im alten Berlin. Berlin: Cassirer 1923
Marwitz, Friedrich August Ludwig: Nachrichten aus meinem Leben. Herausgegeben von Günter de Bruyn. Berlin: Der Morgen 1989 (Märkischer Dichtergarten)
Marwitz, Friedrich August Ludwig: Ein märkischer Edelmann im

Zeitalter der Befreiungskriege. Herausgegeben von Friedrich Meusel. Bd. 1-2,2. Berlin: Mittler 1908-1913
Mende, Hans-Jürgen und Kurt Wernicke: Berlin Mitte. Das Lexikon. Berlin: Stapp 2001
Menzel, Matthias: Die Stadt ohne Tod. Berliner Tagebuch 1942-1945. Berlin: Habel 1946
Meyer, Jochen: Berlin-Provinz. Literarische Kontroversen um 1930. Marbach: Marbacher Magazin 35/1985
Meyer, Karen: Die Flutung des Berliner S-Bahntunnels in den letzten Kriegs-Tagen. Rekonstruktion und Legenden. Berlin: Bezirksamt Kreuzberg 1992
Müller, Heinrich: Das Berliner Zeughaus. Vom Arsenal zum Museum. Herausgegeben vom Deutschen Historischen Museum. Berlin: Brandenburgisches Verlagshaus 1994
Müller-Bohn, Hermann: Die Denkmäler Berlins. Ihre Geschichte und Bedeutung. Berlin: Auerbach 1897
Nicolai, Friedrich: Beschreibung der Königlichen Residenzstädte Berlin und Potsdam. Berlin: Nicolai 1786 (Reprint)
Nicolai, Friedrich: Beschreibung der Königlichen Residenzstädte Berlin und Potsdam. Eine Auswahl. Leipzig: Reclam 1987
Nicolai, Friedrich: Vertraute Briefe von Adelheid B. an ihre Freundin Julie S. Herausgegeben von Günter de Bruyn. Berlin: Der Morgen 1981 (Märkischer Dichtergarten)
Neugebauer, Wolfgang: Residenz, Verwaltung, Repräsentation. Das Berliner Schloß und seine historischen Funktionen vom 15. bis 20. Jahrhundert. Potsdam: Verlag für Berlin-Brandenburg 1999
Oberesch, Manfred: Das Dritte Reich 1939-1945. Chronik der deutschen Zeitgeschichte Bd. 2/II. Düsseldorf: Droste 1983
Pfefferkom, Rudolf: Von Schadow bis Gärtner. Berlin: Stapp 1980
Püschel, Walter: Immer diskret. Anekdoten über Max Liebermann. Berlin: Eulenspiegel 1986
Rave, Paul Ortwin: Berlin in der Geschichte seiner Bauten. o.O.: 1966
Reichhardt, Hans J. und Wolfgang Schäche: Von Berlin nach Germania. Über die Zerstörung der Reichshauptstadt durch Albert Speers Neugestaltungsplanungen. Berlin: Transit 1990
Richter, Detlev: Kunst auf Dosen. Stobwasser. In: Magazin der Frankfurter Allgemeinen Zeitung, 24. Mai 1991
Rochow, Caroline von: Vom Leben am preußischen Hofe 1815-1852. Auf-Zeichnungen, bearbeitet von Luise von der Marwitz. Berlin: Mittler 1908
Rodenberg, Julius: Bilder aus dem Berliner Leben. Berlin: Rütten und Loening 1987

Rollka, Bodo und Klaus-Dieter Wille: Das Berliner Stadtschloß. Geschichte und Zerstörung. Berlin: Haude und Spener 1987
Sachs, Curt: Prinzessin Amalie von Preußen als Musikerin. In: Hohenzollern-Jahrbuch 1910. S. 181-194
Scherls Straßenführer durch Berlin. Berlin: Scherl 1933
Scheurig, Bodo: Henning von Tresckow. Eine Biographie. Oldenburg: Stalling 1973
Schicksale deutscher Baudenkmale im Zweiten Weltkrieg. Eine Dokumentation der Schäden und Totalverluste auf dem Gebiet der neuen Bundesländer. Bd. 1-2. Berlin: Henschel o.J.
Schmalhausen, Bernd: Ich bin doch nur ein Maler. Max und Martha Liebermann im Dritten Reich. Hildesheim: Georg Olms 1994
Schmitz, Hermann: Berliner Baumeister vom Ausgang des 18. Jahrhunderts. Berlin: Mann 1980
Schneider, Wolfgang: Berlin. Eine Kulturgeschichte in Bildern und Dokumenten. Leipzig, Weimar: Kiepenheuer 1980
Schochow, Werner: Die Preußische Staatsbibliothek und Polen. Eine Bücherreise ohne Wiederkehr? In: Die Beziehungen der Berliner Staatsbibliothek nach Polen. Berlin: Staatsbibliothek 1997
Scholz, Hans: Theodor Fontane. München: Kindler 1978
Schurig, Artur: Das galante Preußen gegen Ende des 18. Jahrhunderts. Sammlung kulturgeschichtlich wertvoller Teile aus selten gewordenen Pamphleten und Satiren. Berlin: Verlagsgesellschaft Berlin 1910
Seibt, Gustav: Das Brandenburger Tor. In: Deutsche Erinnerungsorte. Herausgegeben von Etienne François und Hagen Schulze. Bd. 2. München: Beck 2001
Siedler, Wolf Jobst: Phoenix im Sand. Berlin: Propyläen 1998
Staël, Germaine de: Über Deutschland. Herausgegeben von Sigrid Metken, Stuttgart: Reclam 1980
Stendhal: Briefe. Herausgegeben von Manfred Naumann. Berlin: Rütten und Loening 1983
Stölzl, Christoph (Herausgeber): Die Neue Wache Unter den Linden. Ein deutsches Denkmal im Wandel der Geschichte. Berlin: Deutsches Historisches Museum 1993
Straub, August: Papa Wrangel. Anekdoten. München: Buchverlag Münchener Lesebogen (um 1942)
Straubes illustrierter Führer durch Berlin. Berlin: Straube 1896
Taack, Merete van: Friederike, die galantere Schwester der Königin Luise. Düsseldorf: Droste 1987
Thiebault, Dieudonné: Friedrich der Große und sein Hof. Persönliche Erinnerungen. Bd. 1-2. Stuttgart: Lutz 1901
Titzenthaler, Waldemar: Berlin. Photographien. Berlin: Nicolai 1989

Unter den Linden, Historische Photographien. Herausgegeben von der Stiftung Stadtmuseum. Berlin: Nicolai 2001
Varnhagen von Ense, Karl August: Tagebücher. Bd. 1-15. Bern: Neuverlegt bei Lang 1972
Volk, Waltraut: Historische Straßen und Plätze heute. Berlin, Hauptstadt der DDR. Berlin: Bauwesen 1979
Walberer, Ulrich (Herausgeber): 10. Mai 1933. Bücherverbrennung in Deutschland und die Folgen. Frankfurt/M.: S. Fischer Taschenbuch 1983
Wegweiser für Fremde und Einheimische durch Berlin und Potsdam. Bis jetzt fortgesetzter Auszug der großen Beschreibung von Fr. Nicolai. Berlin: Nicolai 1833
Weiglin, Paul: Berliner Biedermeier. Bielefeld, Leipzig: Velhagen u. Klasing 1940
Wesenberg, Angelika und Ruth Langenberg: Im Streit um die Moderne. Max Liebermann, der Kaiser, die Nationalgalerie. Begleitbuch zur Ausstellung Oktober 2001 bis Januar 2002. Berlin: Nicolai 2001
Werner, Anton von: Geschichte in Bildern. Herausgegeben von Dominik Bartmann. München: Hirmer 1993
Wilke, Adolf von: Berliner Hof und Gesellschaft ums Jahr 1840. Aus den Erinnerungen einer Diplomatenfrau. In: Erlebtes und Erforschtes aus dem alten Berlin. Berlin: Verein für die Geschichte Berlins 1917
Wirth, Irmgard: Berliner Malerei im 19. Jahrhundert. Berlin: Siedler 1990
Woche, Klaus Rainer: Vom Wecken bis zum Zapfenstreich. Die Geschichte der Berliner Garnison. Berg, Potsdam: Vowinkel 1998
Wulf, Joseph: Die bildenden Künste im Dritten Reich. Eine Dokumentation. Berlin: Ullstein 1982
Wulf, Joseph: Literatur und Dichtung im Dritten Reich. Eine Dokumentation. Berlin: Ullstein 1966
Zedlitz, Leopold Freiherr von: Neuestes Conversations-Handbuch für Berlin und Potsdam. Berlin: Eisersdorff 1834
Zelter, Karl Friedrich: Darstellung seines Lebens. Herausgegeben von Johann Wolfgang Schottländer. Weimar: Goethe-Gesellschaft 1931
Zusammenkommen, um von den Künsten zu räsonieren. Materialien zur Akademie der Künste. Berlin: Akademie der Künste 1991

Bildnachweis

Ullstein Bilderdienst, Berlin: 8 unten, 33, 41 oben
Die übrigen Abbildungen entstammen den aufgeführten Büchern.

Register

Personen

Bauwerke und Denkmäler